僅以此書

送給我的女兒LeLe、兒子QiQi

希望你們長大有機會讀到這本書，
能再次想起自己曾被這麼深切愛著。
希望你們想到媽媽時，
心中都能溫暖而有力量。

作者序

因為我懶散忙碌同時又完美主義，這本書斷斷續續寫了四年多，我也從一個慌亂的新手媽媽，變成一兒一女（略為從容）的奔四母親。說到當媽這件事，其實一開始我很不適應。

我母性強烈，母愛豐沛，但同時我也很怕吵，很怕煩，很怕瑣碎和不斷重複的日常，而當媽卻是全天下最吵最煩，最瑣碎和不斷重複的日常。我本就沒有大志和野心，不懷念夜生活的酒酣耳熱，沒認真往職場發展也不覺得特別可惜，但我真的懷念無牽無掛，自由自在的自己。

想吃什麼就吃，而且熱的夠熱，冰的夠冰。想喝什麼就喝，酒啊茶啊咖啡啊，半夜睡不著也沒關係。工作努力有獎金也有成就，想買點好東西就買，存到一點錢就出國旅行。慢慢護髮、除毛、磨砂、去角質、吹頭髮、按摩頭皮、保養、化妝、塗指甲油，我曾經是對自己很精緻的人。

其實都是一些小事，不做好像也無所謂。但原本的我就是這些小事塑造成形的，把這些都拿掉，我還剩下些什麼呢？經過鏡子看到自己，被孩子扯著鬆散領口，胸前有淡黃奶漬，今早牙刷了嗎？想不起來啊。我從此就是披頭散髮，面容憔悴的中年婦女了嗎？我也變成千篇一律，眼中只有孩子的庸俗母親了嗎？

明明感覺自己很幸福，但為什麼不快樂呢？我困惑、迷惘，有時也很沮喪。女兒一歲多時開始寫部落格，盡可能呈現一個新手媽媽育兒的真實生活，有這麼多不堪負荷的痛苦，孩子卻也給予我這麼多無法取代的豐富觸動，我努力的都記錄下來了。現在回頭看看，曾以為永遠熬不過去的日子，終於變成回憶，而回憶總是美好的，想起來都會忍不住微笑著嘆息。這就是傻瓜媽媽的美麗與哀愁。

目次

第一部：我，即將成為媽媽

第二部：我，媽媽的不同狀態

第三部：我，與孩子的對話

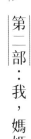

第四部：我，在育兒這條路上

第五部：我，與愛情、婚姻及家庭

第一部

我，即將成為媽媽

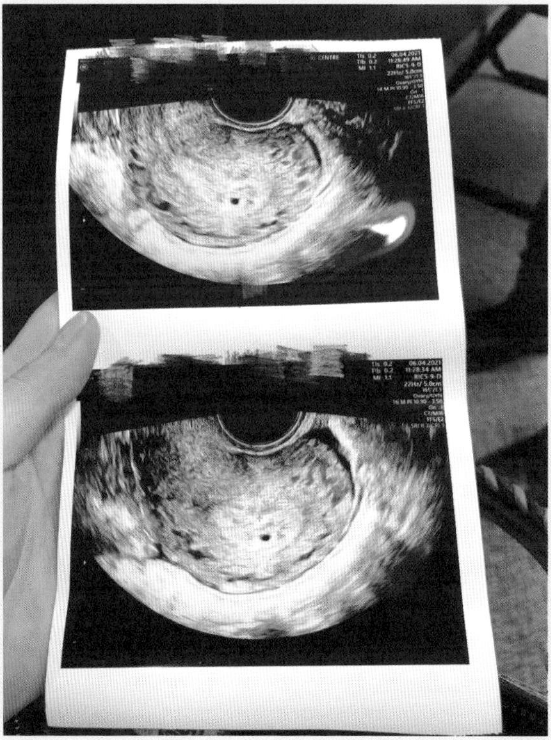
TIs 0.2
TIb 0.2
MI 1.1
06.04.2021

01／新手媽媽，我想老老實實告訴妳

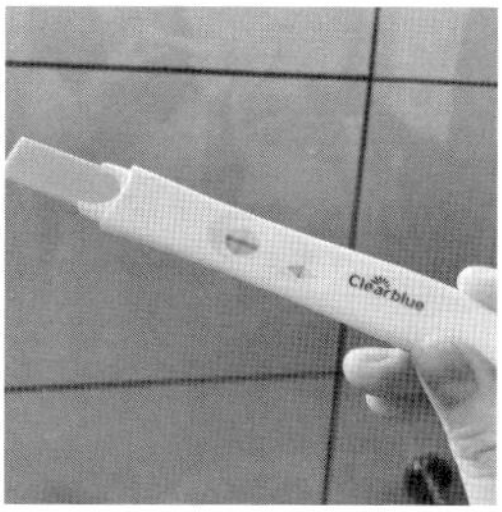

要當媽了嗎？恭喜妳，接下來我有些事想跟妳說，沒修飾過，就像關掉美顏濾鏡，不一定那麼美麗，但很真心。這可能和妳想像的不太一樣，可能比妳預期的還更嚴峻。妳的世界將會慢慢轉向另一個方向，妳目前珍視的事物都不再那麼重要，妳現在享受的美好時光會暫時消失。

妳可能會有一段時間，不太快樂，而那很正常，記得別責怪自己。

妳的身體會變形，倒不是發胖的問題，是肉的形狀延展、擴張、鬆弛、厚重。某些地方顏色變得出奇深，像純的巧克力。有些地方的體味好明顯，到底是味道變濃了，還是妳的嗅覺變靈敏？妳不知道，也不想真的知道。

妳怎麼照鏡子都看不出懷孕的女人最美麗，也許吧？也許別人都很美麗？妳只覺得自己像是一隻臃腫發福，神經兮兮的沮喪臭鼬，常無法抑制的放臭屁。

妳的腦袋進了水還結了冰，昨天剛發生的事今天就想不起，老是拿著手機找手機，鑰匙放進冰箱裡。妳的情緒很敏感，隨時隨地，聽到任何一句話，看到任何一個畫面都可能會情緒潰堤，哭得滿臉眼淚鼻涕。

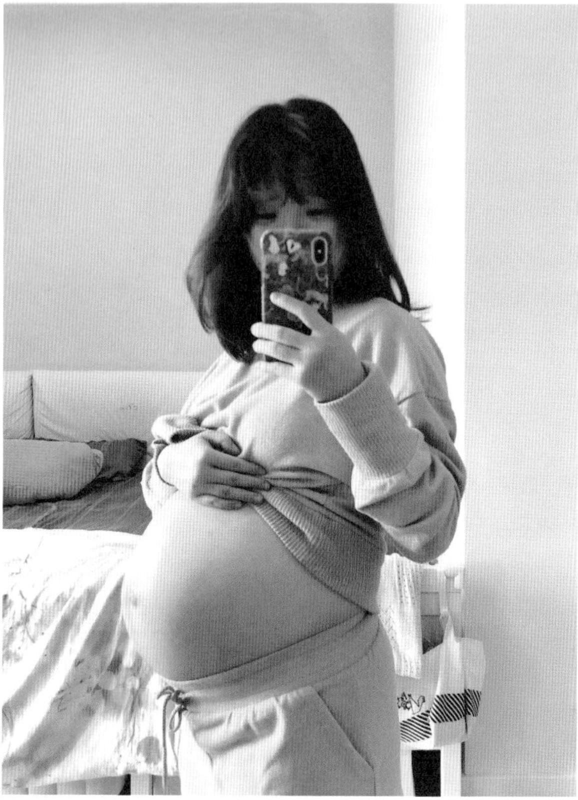

越後期越辛苦，妳時時頻尿、夜夜火燒心，恥骨痠痛、大腿抽筋。妳總是想著，再忍忍吧，孩子生出來就可以好好休息了。孩子生出來了，妳這才知道，產後睡的昏天黑地那一覺，要頂一年用。妳以為的好好休息，不過就是眨眼的時間而已，就像深深吸一口氧氣，接著要潛進最深的海底。那裡孤獨、寂寥、冷清，偶爾還有點暖流，來自孩子的屁屁。

先是餓暈，接著累暈，就算吊著一口氣在，最後也會被男人氣暈。孩子啼哭不睡的暗黑午夜，妳瞪著捲著孕婦枕鼾聲如豬的男人，第一次理解剛結婚時朋友告訴妳的，現在好好愛他吧，生孩子後，妳會很想殺他。

妳總是在張羅孩子，大小瑣事鉅細靡遺。妳常常忘記自己，牙沒刷、臉也沒洗。上一餐吃到下一餐，冷冷的、涼涼的、軟軟爛爛的，都還是塞進嘴裡。吃不再是樂趣，吃是為了活下去。活下去也不是為了自己，是怕孩子沒人理。

妳再也接不到電話了，不是沒人打給妳，是妳永遠調靜音。姐妹群組理聊的各種美食資訊，香豔刺激，從此都和妳沒什麼關係。妳的媽媽群倒是很活躍，一天二十四小時都在無聲的叮叮叮叮。

孩子厭奶了怎麼辦？孩子整晚哭鬧怎麼辦？孩子一天大五次便正常嗎？孩子五天大一次便正常嗎？焦慮的新手媽媽從早到晚彼此交流著訊息，給對方打氣。媽媽群組裡按著生孩子的數量排名，生了三個以上就是最受敬重的強大母親，如果都是男孩，輩分更是尊榮無比，可以睥睨一切，從鼻孔裡噴氣。

妳會看老公很不順眼，相信我，妳絕對會。可能他只是在妳旁邊抓肚皮，妳都會想一巴掌下去像打蒼蠅。那不是妳的錯，妳只是一隻產後荷爾蒙激升的母獸，這只是暫時的，妳還是愛他的，請別忘記提醒自己。

看到這裡，妳是不是嚇得眼歪嘴斜？別怕，其實妳還是妳，只是被咬掉一塊，拉拉扯扯，強制升級的妳。妳會變得有點粗魯，有點俗氣，既強悍又膽小，既兇惡又溫柔。妳從沒有哭的這麼頻繁，笑的這麼開懷。妳第一次感受到這種痛苦，但也第一次覺得自己如此幸福。孩子將會是妳的指路星。暗夜中閃閃發亮，光灑在妳身上，就能緩解一切疲倦痲痺。他愛妳，他的小小世界裡只有妳。每天早晨他看到妳時雙眼彎彎的笑容，那就是全天下最甜蜜的事情。

這一切說也說不完，只是聽別人說並不夠真切，但妳很快就能完全體會。恭喜妳，接下來要辛苦妳了。

別擔心，妳一定會是個勇敢的母親。

02／媽媽腺素

打從知道懷孕那一瞬間，妳就完全變了。

身體不再是妳一個人的，什麼大口喝酒、熬夜亂跑，三餐亂吃的壞習慣，妳全戒了。妳從來沒這麼珍惜過健康，從沒這麼保護過身體，妳對自己過去的那些隨性的生活習慣如此焦慮，怕對孩子有什麼不良影響。為了肚子裡的小生命，從不迷信的妳只要經過教堂廟宇，都會誠心祈禱孩子能

健康平安、成長順利。走在路上，看到嬰兒會忍不住微笑，還盯著其他孕婦肚子瞧，這是比我大還是比我小呢？是男孩，還是女孩呢？

妳從沒這麼感性，從沒這麼忍耐，從沒這麼容易擔憂流淚，也從沒這麼期待快樂。那是妳第一次感受到媽媽腺素在噴發，完完全全改變了妳。

孩子出生後，妳就更不一樣了，妳查了好多資料，學了好多東西，那些好像外星文字的媽媽經，忽然妳全部能看懂，自己也能滔滔不絕的說個不停。妳脾氣壞了、膽子大了、身體壯了、臉皮厚了。妳變成一個，從來沒想過，也從來沒人見過的妳。妳常常忘了妳自己，妳常常改變妳自己。

當有一個小人哭著說：「媽媽我害怕。」妳就會忘了，自己其實也害怕。當有一個小人發著燒說：「媽媽我生病了。」妳就會忘了，自己其實也病了。當有一個小人落寞說：「媽媽，沒人陪我玩。」妳就會熱絡地和其他媽媽打交道，希望妳們的孩子也能一起玩。當有一個小人一臉羨慕的說：「媽媽，別的小朋友遠足吃好可愛的便當。」妳就會莫名其妙五點起床，站在廚房邊罵髒話，邊把紅蘿蔔片切成花朵，煎小章魚香腸。當有一個小人期待的看著妳說：「媽媽，別的媽媽家長會穿得好漂亮。」妳就會輸人不輸陣，在家長會前去整理頭髮，穿上戰袍風風光光地出現在教室。

這就是母獸的潛能啊，這就是「媽媽腺素」的力量。就為了看著妳的那雙晶亮的小眼睛，就為了孩子小臉蛋上，那燦爛的笑容。妳會努力去做不喜歡做的事，妳會試著學習不擅長的事。妳甚至會咬著牙根，再度嘗試那些從小就逃避、放棄、討厭的事。妳會累會疲倦，有時侯無比煩躁，有時候沮喪地想躲起來，有時候崩潰大哭，有時候忘了微笑。但妳也會變得積極，變得堅強，變得無所畏懼，勇往直前。

因為妳長出了「媽媽腺素」，從此，妳會變得更勇敢。

我，即將成為媽媽

01

03／給準媽媽的一封信

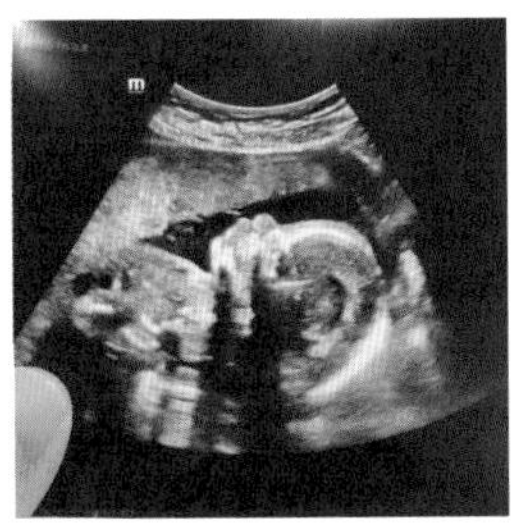

媽媽複習，少女們也可以先預習。（還是看了會嚇死就別看了吧）

嗨，妳現在正在孕期哪個階段？是剛看到驗孕棒出現兩條線，驚呆了的第一個月？正在作嘔的第三個月？時刻狂吃彷彿沒有明天的第六個月？還是每二十分鐘尿一次、骨盆疼痛、半身不遂的第九個月？

本來我也想寫得嚴謹一點，但想一想還是不忍心，捧著巨肚輾轉難眠的日子，鮮活的彷彿還是昨天。妳應該有點害怕吧？怕身材走樣，怕生活品質改變，怕不能工作，怕失去夫妻的相處時間。最害怕的，是小孩能不能健康平安的出生？為此妳日日夜夜查遍了資料，詢問了各方的意見。禁止自己喝酒、喝咖啡，熬夜看恐怖片，甚至吃一點海鮮，都疑心會不會造成胎兒過敏。接下來是對生產育兒滿頭的問號？在此提供些個人小意見。

要不要自然產？自然產要不要打止痛？
打了止痛生的出來嗎？對孩子好嗎？
剖腹會不會有後遺症？坐月子怎麼做？
去月子中心好貴，老公說婆婆做就好，行嗎？

能自然產當然很好，止痛就別想了直接打吧，妳會瞬間從地獄回到人間。到快生的時候醫生會幫妳減量，不會完全沒有知覺的。也有聽過一些堅持不打，痛到最後沒力氣生的例子。所以我的建議是利大於弊，打吧！自然產的傷口，其實也需要兩個星期左右復原，在完全好之前，上廁所是一件艱難任務，要有心理準備。剖腹產沒什麼不好，只是傷口位置不同，恢復期比較長，記得千萬要找技術好的醫生，減少手術沾黏的機率。

有能力負擔的話，月子中心是最好的選擇，請月嫂或是拜託自己媽媽也可以。除非妳跟婆婆感情好到如同母女（意思是妳可以耍廢躺平，指指點點，挑剔菜色的那種）。或者妳天性超隨和，不然還是盡量避免。一個月下來，不是妳內傷就是她受傷，會是一場戰爭。

要不要餵母奶？親餵還是瓶餵？如果餵奶粉對寶寶好嗎？可以給奶嘴嗎？

能餵母奶非常好，尤其親餵省錢、方便又營養。但如果要回去工作，就要讓嬰兒適應奶瓶，擠奶是一條漫漫長路，非常辛苦，要有足夠的決心和家人的支持。如果不能餵，奶粉不是毒藥，餵奶粉不需要心虛，妳的愛並沒有減少。還有，我是給了奶嘴（奶嘴大神我膜拜你）！比起讓她號哭，奶嘴能帶來片刻的安寧。但不要無時無刻叼著，習慣之後要戒可麻煩了。

以後誰帶小孩？婆婆或媽媽帶要給錢嗎？還是找保母？保母信得過嗎？

自己能帶的話，可以完全依照自己的心意把孩子帶大。有親人帶也很放心，我建議要依能力給老人家一些感謝金，帶孩子真的非常辛苦！保母就要謹慎挑選了，一定要合格有執照，耐心負責，環境乾淨安全。讓別人帶的話請放鬆心情，好好商量，也尊重主要照顧者會有自己的方法，大方向別錯就可以，不然妳會煩死的。

小孩要自己睡還是跟我睡？要一哭就抱，還是不理他？「百歲派」會不會養成他性格陰沉，不相信別人？「親密派」會不會把孩子寵壞呢？

不用現在決定，每個孩子不同，每個媽媽也不同，等到生出來就開了。有的天生就是個乖寶寶，吃飽睡、睡飽吃，來報恩的。有的無理由的尖叫號哭，整夜扒著娘親不肯睡，來討債的。（看著女兒，眼眶含淚）不論是哪一種，妳總會找到方法跟他相處，沒有對與錯，媽媽和孩子都能配合最重要。

這些林林總總的問題，只寫了百分之一吧？資訊塞滿妳的腦袋，第一次感覺到自己真是日理萬機，運籌帷幄了，可惜手下大將只有一個老公，而且還不太靈光。

看著電視上的女明星，懷孕只有肚子大，四隻依然纖細。穿著優雅、巧笑倩兮，談老公談孩子，彷彿全世界的幸福都集中在她一個人身上。回頭看看自己，胸前漲奶爆青筋，肚子繃到紋路都飛出來了。虎背熊腰還有叉燒大腿，皮膚油油亮亮，一臉的福態。更別提時不時放的大響屁，還臭的驚人！少女時代回不去了！想著就悲從中來，只好再怒吃一根（桶）冰淇淋洩憤。

有什麼電影想看就去看吧，有什麼東西想吃就拚命吃吧。尤其是火鍋和燒烤，或是西餐那種耗時間的東西，照三餐來吃。肚子還不太大時，醫生許可的話盡量出國玩。這些本來平凡容易的事情，生了孩子之後會變的難如登天。周末當單身朋友快樂的約午夜場，妳只能含淚退席。回家抱著手機，看著大家盡興的喝著妳應該喝的那杯酒，妳已經開始覺得自己變得無趣了。

半夜上完第三次廁所回來躺下，肚子太大，胸悶睡不著，看著身旁鼾聲如豬還夾走孕婦枕的老公，莫名產生殺意。相信我，孩子生出來會更想殺他，現在開始就要早晚提醒自己，妳是愛他的、愛他的、愛他的！以前妳曾經覺得他睡臉很可愛，替他煮飯收拾覺得好幸福，就連他沒洗澡妳還覺得好有男人味呢！莫忘初衷啊莫忘初衷，阿彌陀佛啊阿彌陀佛。

最後要說的是，妳即將成為媽媽了，但妳不會頭上射出聖潔的光輝，也不會變成妳所擔心的那種黃臉婆。妳還是妳，妳只是將會手忙腳亂，有點狼狽，非常疲倦。

妳只是生命中，
將會多了一個妳愛到不行的小人與妳同行。

以後回想起來，會多麼懷念現在這段日子。早晨醒來，寶寶蜷在妳的肚子裡踢踢打打。中午吃飽後他打嗝，肚皮一跳一跳的規律震動。睡前準爸爸臉貼著妳的肚皮，喃喃的和寶寶說話。妳感覺到幸福而寧靜，彷彿是人生中最美的時光。

好好享受吧！
因為生出來就塞不回去了啊回不去了啊啊啊！

04／給準爸爸的一封信

恭喜恭喜，你即將為人父親。以下是我的一點（其實有八點）小建議。你老婆在接下來的幾個月，會從一個無憂無慮的少女，變成一個身材中廣的煩躁孕婦。想像一下，你每天一起床就想吐，聞什麼都噁心。脹氣打嗝、頭暈心悸、半夜抽筋。吃不下睡不好，每天還有一百個人告訴你，這個不能吃、那個不能做。時刻擔心肚子裡的孩子，是否能夠健康平安的出世。

要是她無法控制的在電梯放臭屁（真心臭的那種），請你就勇敢地替她認了吧，幫你老婆在人前留點面子。男人可以忍受這一切的話，老天就會讓男人懷孕了。這是一個很辛苦的過程，你沒辦法代替她，但你可以陪她一起走過。意思是請你不要在她噁心時在旁狂吃炸雞，或是在她抱著馬桶嘔吐時說要去剪指甲。（勾起舊恨，磨刀霍霍）

請盡量為她擋掉那些來自長輩的好意關心和古老指導，什麼不能釘釘子、不能拿剪刀，這些都是神話。但有一點你是真的要注意，少讓她提重物、少彎腰。吃東西不用禁忌太多，除了會造成宮縮的食物，比如山渣要少吃，其他只要她開心，喝一點冰的、吃一點海鮮螃蟹都沒關係，只要別過量就可以。

經濟能力許可的話，建議你們訂月子中心，有專人照顧又不用煩惱吃喝，你會過的比她還愜意。我聽過太多男人在月子中心渡假，吃好、睡好，胖了好幾公斤，事後還懷念不已。如果沒那麼寬裕，請月嫂或是娘家媽媽願意幫忙也可以。唯獨不是很建議你的媽媽，也就是婆婆做。請別誤會，我不是嫌婆婆不好。舉例來說，如果你疝氣開刀，要你的岳父照顧你一個月。從早到晚吃喝拉撒都要依靠他，他說能洗頭你才能洗，他煮一鍋湯吃一星期，你還是得心存感激，不能有一絲不滿。你的傷口會好嗎？我看憂鬱症都要發作了吧！娘家媽媽不見得比婆婆會坐月子，但可以盡情使喚挑剔嫌棄（不孝女嘴臉），這才是最重要的啊！

當你的老婆開始陣痛時，請不要叫上一大堆人前往醫院陪產，那種狼狽樣子越少人看到越好。她說要打止痛就立刻給她打，除非她自己不要。每次陣痛時握著她的手，會被捏得很痛，可是那只是她痛的百分之一。孩子生出來時，請先擁抱老婆，不要急著去看孩子，除非你想日後被唸一輩子。

母奶是很珍貴的，但你老婆的自由意志更珍貴。要不要餵母奶，怎麼餵都由她決定。記得她是你愛的女人，不是餵飽你孩子的母牛。母牛都比她好運，不用一天換十幾次尿布。小牛一出生就會站了，還不會一直哭呢！如果希望她能夠順利餵母奶，那你更要加倍支持並攬下大部分家務。你產不了奶，但起碼你可以洗碗、掃地、晒衣服吧！請學著獨立照顧孩子，當你的老婆疲憊不堪時，你可以立刻接手。相信我，餵奶、換尿布、哄睡時的男人最帥了，比孔劉還帥！（孔劉：關我屁事）

產後荷爾蒙下降，身材變形頭都禿了，手足無措地面對整天尖叫哭鬧的新生兒，你老婆脾氣一定會變壞。她其實知道自己在鬧脾氣，事後也會愧疚，但當下就是控制不了。多抱抱她、多親親她，不用跟她講道理，道理她都懂。她只是需要你的包容，知道你還是愛她的，這樣就好了。

最後一點對你很重要，孩子出生前，裝修一下你家的廁所吧。買一瓶擴香，換一個坐起來舒服的馬桶，裝一個投影機也不錯，放個冰箱冰啤酒更妙。因為未來好多年裡，你將會坐在裡面很長的時間。廁所將會成為你的避風港、辦公室、網咖以及電影院。然後現在就開始裝便祕吧，等孩子生出來才裝就太假了，切記切記。

如果以上都能做到的話，你老婆應該很快就會變回原本那個溫柔可人，體貼周到，悉心照顧你的好老婆。一年後大概能恢復七成左右，大概。當爸爸第一年將會是你人生中最煩最累，和老婆吵最多架的時光。但你也會很驚訝的發現，孩子能帶給你們的快樂遠超過你的想像。加油吧！做個好丈夫好爸爸，不可以輸給修杰楷啊！（修杰楷：又關我屁事）

後記：

根據我專業統計，最後爸爸們只記得兩件事：

一、放臭屁

二、裝修廁所

各位爸爸們，男人放臭屁是天經地義，女人放臭屁簡直天理不容。所以就麻煩你們頂罪一下了。各位媽媽們，其實只要把老公的手機拿過來，不管他是拉肚子還是便祕，都會瞬間不藥而癒，也省下一筆裝修費，妙計、妙計（撚鬍鬚）。懶得看的爸爸們，就看最後這兩點就夠了吧。

05／如果妳的閨蜜做了媽

如果妳的閨蜜做了媽，請妳不要嫌棄她。

她可能會消失在群組對話裡，永遠在半夜上來回一個老舊過時的貼圖，再加一個詞不達意的「哈哈」。她可能不知道復仇者聯盟已經拍到第幾集，她印象還停留在第二代的蜘蛛人。什麼又換人了嗎？那，那個在海報上短頭髮拿槌子的是誰？她可能會不停用孩子的照片影片轟炸妳，她真的克制不住自己，想和妳分享全世界最甜蜜可愛的小東西。

打電話想和她聊工作感情的困擾，說沒兩句她就走神：「妳等等，我孩子大便了去換一下，等等打給妳。」等等就是三天，她孩子有大不完的便。而且她忘記了，一孕傻三年。

約她去吃飯喝咖啡，她會不好意思地小聲說：「能不能去親子餐廳？我壓力比較小。」好不容易見了面，她用鯊魚夾夾著毛毛躁躁的頭髮，臉上掛著強效遮瑕都遮不了的熊貓黑眼圈。穿著寬鬆皺皺的襯衫，背著一個巨大奇醜的背包。臂膀夾著嬰兒，領口還有被吐奶的痕跡。坐下聊沒兩句，孩子不耐煩開始叫喊，她抱著站起來拍哄，走著就走到店外面了。

妳滑著手機看著她的背影，她還是有點胖啊！不運動怎麼可以呢？怎麼不去健身房找教練呢？皮膚也該保養了吧！頭髮多久沒整理了啊！妳不忍心說出口，她看起來實在有點狼狽，離優雅的媽媽太遙遠了啊！她的菜涼了沒時間吃，妳幫忙把孩子抱過來，小人兒明亮的眼睛看看妳，一扁嘴就哭了出來，死命掙扎著要媽媽。最後她只好邊抱著孩子邊舀飯吃，那狼吞虎咽的樣子像是已經一年沒吃飽。

當媽就是這樣？真是嚇死妳了，還是專心工作好了，晚兩年再說吧！

她羨慕妳的自由自在，羨慕妳豐富的感情生活。她羨慕妳能在職場上專心衝刺，羨慕妳能在假期出國渡假。她羨慕妳，就像過去的她。她每次和妳們聚會完，心中都帶著淡淡的酸楚，抱著孩子惆悵離去。

如果妳的閨蜜做了媽，請妳不要嫌棄她。要記得，得意沒有落魄的久，未來妳也很可能會走上這條不歸路啊！當妳陷入育兒泥沼裡，她會寬容溫厚的伸手拉妳一把，提供妳所有需要的援助。她會給妳穩定力量，讓妳不至於太過驚慌失措。她會給妳真心忠告，提醒妳別走她走過的冤枉路。

妳這才發現，有人打頭陣真是太好了啊！

時間會過去，孩子會長大，妳們會自由。總有一天妳們還是可以相約去公園，練練外丹功、甩手功，跳跳土風舞、打打太極拳。下午一起去醫院掛號拿藥，吃飯喝茶時聊聊最近血壓血糖指數漂不漂亮，炫耀一下「我家孩子真浪費，又幫我訂了郵輪去玩，年輕人就是存不住錢。」想想多麼令人悠然神往。

如果妳的閨蜜做了媽，請妳不要嫌棄她。她只是暫時外表刮花了一點、褪色了一點、黯淡了一點，她只是又忙碌又疲憊，變成了一個孩子傻瓜。她還是原本那個風趣幽默，可愛仗義的她。

請妳不要放棄她。

06／催生閨蜜指南

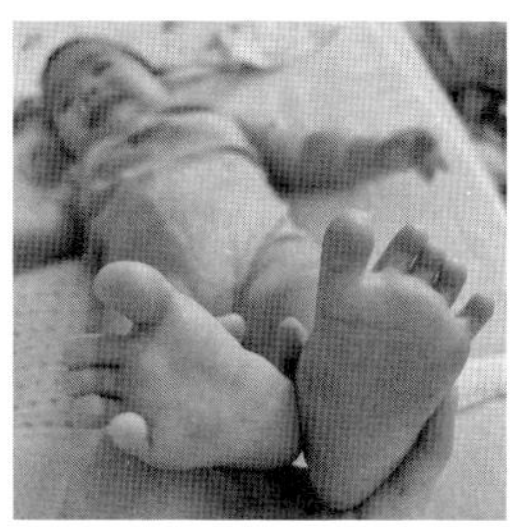

為了推廣生育拉人入坑，媽媽絕對不要在少女閨蜜面前做的十件事：

一、絕對不要徒手接孩子嘔吐物，這件事殺傷力太強，看了應該都停經了吧。

二、絕對不要把孩子咬過吃剩的東西吃掉，妳不知道她們心裡是怎麼想的，「這也太噁心了，唉呀可憐啊當媽有餓成這樣嗎？」

三、絕對別和她們說太多殺夫心情，因為一來她們聽不懂，二來，「以前感情不是很好嗎生個孩子怎麼變這樣，一定是荷爾蒙失調真恐怖。」

四、絕對別談到孩子的花費學費，那壓力之沉重，不只停經，直接絕經血枯了吧。

五、有什麼想討論的媽媽經，去媽媽群組討論就好，別在少女面前說，她們白眼都不知道翻幾圈了。

六、不管妳平常已經多放飛自我，和她們出門絕對不要太頹廢。妳可以穿著寬鬆但不要邋遢，套個漂亮球鞋選個漂亮媽媽包假扮優雅，最好上個底妝加口紅，氣色好看起來可以騙騙人。

七、絕對別勸生，也別勸不生，妳只要抱著孩子帶著一抹神祕的笑容說：「不生也很好，生了也不錯啦！」點到為止，讓她們自由想像即可。

八、絕對別讓她們看到妳手機相簿，「我的天啊她變成孩子奴了，拍來拍去還不是都一樣有什麼好拍，太悲哀了。」妳絕對不能讓她們發現，妳真的變成孩子奴這件事。

九、別在她們面前打罵孩子，忍下來，妳不會想聽：「看了就累，幸好我還沒結婚，幸好我沒生孩子。」這種話吧？

十、最後一條，別讓她們看到像我這種憤世媽媽的文章，鼓勵她們去追蹤棠棠或瑞瑞吧，她們會對結婚當媽有很美好的憧憬。

以上，切記勿忘，本文宗旨就是推動生育率，讓大家一起入坑當媽，招募新移民到媽媽星球。有福齊享，有難同當才是好姐妹嘛。

07／媽媽的交換

曾經妳破釜沉舟下定決心，以為自己準備好了，準備好做個母親。然後眼睜睜看著一切妳所擁有的美好，都被拿去交換了，其實妳並沒有準備好，應該說，沒有人能完全準備好。

細腰不見了，換成孩子的小圓肚子。翹臀不見了，換成孩子的小胖屁股。膨潤的膠原蛋白流失了，換成孩子臉頰上的小肥嫩肉。流轉的撫媚眼波不見了，換成孩子眼中閃耀的晶亮星星。高跟鞋脫下了，換成追孩子容易的球鞋。化妝品少買了，換成買孩子的嬰兒用品。買原價衣服會捨不得，買孩子衣服就不想等打折。

以前選有品味的餐廳，現在選有球池的餐廳。以前假日只想睡到下午，現在假日趕著出門帶孩子學跳舞。以前聽別人要結婚會說，哇，恭喜！現在會微笑著說，哇，恭喜。以前聽別人懷了雙胞胎會說，好可愛啊！真羨慕啊！現在聽別人懷了雙胞胎，會說，嗯，你多保重。以前看到人家的可愛孩子會想，孩子果然都是小天使。現在看到人家的可愛孩子會想，果然小天使都在別人家啊。

手機裡的照片，從自拍變成大量的偷拍，偷拍孩子，每個動作每個細微表情都這麼迷人，不拍起來收著看怎麼行？親子裝？這麼笨的東西也有人買嗎？有耶，就是我耶，我就是想和孩子穿的一模一樣出門的，那個蠢女人。甜甜蜜蜜的愛情消失了，換成不斷爭吵之後的短暫和平。雄心萬丈的志業暫停了，換成孩子一句句軟糯的，媽媽、媽咪、馬麻。我們不再天真浪漫，低聲細語，我們比金牛還務實，比公牛還固執壞脾氣。我們從光鮮亮麗的溫柔少女，變成疲倦、嘮叨，有時還很狼狽的厭世老娘。

我們切下了比想像中更大塊的自己，交換了這一個，會哭、會笑，還會折磨人的小生命。

我們常常厭煩想逃，抱怨現在，懷念過去。午夜夢迴時想起年輕的事情，怎麼恍然像是上輩子的事情了？原來歲月不催人老，孩子才催人老啊！

那要不要換回來呢？我是說如果，如果能按個鍵選擇退貨，換回那個，偶爾會喊孤獨寂寞，但其實自由的無拘無束的生活？不用記得孩子幾點要吃奶，不用半夜翻箱倒櫃滿地爬找奶嘴，不用背著一堆育兒工具出門，不用和男人爭執誰比較辛苦誰比較累，誰不夠體貼誰。

想著想著，手按在上面都會發抖吧？媽媽、媽媽，愛妳。孩子撲過來，摟著妳的脖子說著。你瘋了嗎？誰要換？

08／別錯過孩子的愛

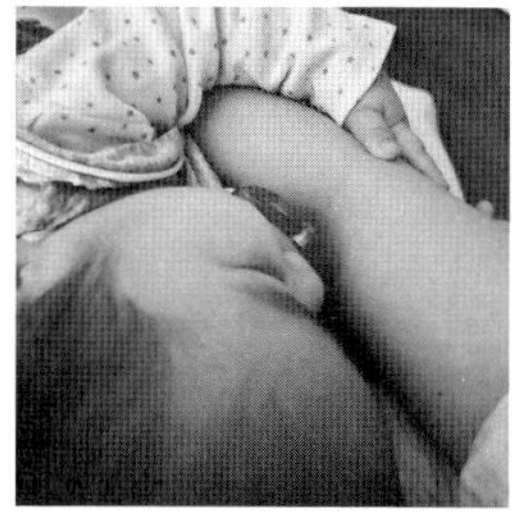

有一天會消褪的，孩子對父母那種全無條件，專一純粹的深愛。

也許妳和我一樣，被孩子各種黏膩親密纏到快不能呼吸。也許妳看了很多育兒建議，擔心孩子被寵壞了，害怕變成被控制的孩子奴。因此嚴格要求自己，不能滿足孩子的每個需求。也許妳每天都很累了，累得沒辦法回應孩子熱烈的期盼眼神。也許妳一直太忙碌，忙得希望孩子趕快長大，別再那麼依賴妳。

但其實很快的，很快的有一天，孩子會推開妳。

孩子會對妳說：

「媽媽，別跟著我。」

「媽媽，妳別管我。」

「媽媽，我已經長大了，請妳不要擔心我。」

「媽媽，請妳放手。」

這些話怎麼聽起來這麼耳熟呢？恍惚想起，曾經，妳也對父母說過。

孩子緊緊黏著，依戀媽媽的時光，

其實也就這麼幾年吧。

很快的，他不喝奶了。很快的，他能自己躺在小床上獨自睡覺了。很快的，他從哭哭啼啼抱著妳大腿上幼稚園，變成笑嘻嘻往前奔的堅強小男子漢。很快的，他會問妳說：「媽媽，假日我可不可以去某某人家住一晚？拜託？」妳驚訝地看著那對澄澈小眼睛，原來孩子早已注視著著這飛揚精彩的世界，瞳孔不再只映著妳的身影了。

然後妳發現，他真的沒那麼需要妳了。剛開始還有點膽怯，每踏出一步，都要回頭看看媽媽還在不在。但走著走著，前面的風景多美麗，未知的世界好遼闊啊！沒時間害怕，來不及停留，他帶著青澀、稚嫩的勇氣，獨自邁開步伐，走向充滿希望的未來。

到那一天，妳為了久違的自由微笑著，眼角卻流下淚來。看著孩子離去的背影，妳不放心，想追著他多叮嚀幾句，走了兩步，卻又想起真的該放手了。囉嗦是很惹人煩的啊！於是妳遲疑地停下腳步。於是，他終於不再回頭。總覺得被孩子纏著，什麼事都沒時間做。等孩子離開時，也許會發現那些一直以來沒時間做的事情，也不那麼重要了。

「媽媽、媽媽，陪我一起玩。」

「媽媽、媽媽，我煮飯給妳吃。」

「媽媽、媽媽，我也要進去，嗚——」

「媽媽、媽媽，我怕，抱抱，不要丟我一個人。」

「媽媽、媽媽，全世界，我最愛妳了。」

現在還能聽到這些話的我們，是人生中，一段最幸福溫暖的美好時光。也許妳和我一樣，被孩子各種黏膩需求纏到快不能呼吸。也許妳一直太忙碌，忙得希望孩子趕快長大，別再那麼依賴妳。但是，有一天會消退的，孩子對父母那種純粹無條件，專一熱烈的深愛。

請別錯過孩子對妳的愛。

09／放手的勇氣

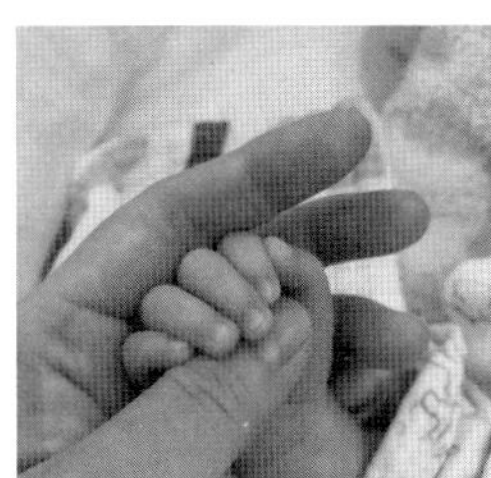

孩子是我們的鏡子，反映出我們曾經被拒絕而受過的傷，曾經追求過得不到的失落，曾經缺乏自卑的落寞，曾經放棄、中斷的遺憾。於是我們很緊張，總想替孩子做決定，想告訴孩子：「這條路我走過，我知道哪裡有坑洞，哪裡有泥濘，哪裡可能會烏雲密布，哪裡有通往成功的捷徑。」

我們總想保護孩子，想在人生難題前預先把答案交到他的手上。彷彿這樣，就能確保孩子的人生比我們更順利，更圓滿。彷彿這樣，就能確保孩子過得比我們更幸福。另一方面，也希望孩子能修正我們當年的錯誤，希望孩子能替我們實現，當年只要這麼做，就會更美好順遂的人生。

於是不論孩子有沒有興趣，為他報名各種當年沒機會，或中途放棄的才藝補習班。於是忽略孩子的喜好，替他決定交什麼朋友最好？讀什麼書有用？千萬別吃那行飯，又辛苦又麻煩還沒錢賺！

我們總是說著：「我做這些都是為你好、以後你就明白爸媽的苦心。」我們執意擋在孩子前面，想為他們遮雨擋風、披荊斬棘，鋪出一條人生的康莊大道。事實上，就算為孩子籌劃一生，孩子也很可能會走向完全不同的道路。孩子可能跟我們很像，一樣執著、固執，一樣脆弱、膽怯；但也可能和我們一點都不像，會有讓我們驚奇的勇敢，或有讓我們擔憂的怯懦。

孩子不是我們的影子，他們乘載著我們的基因，但父母並不能替他們解碼。肉體血脈相承，容貌可能相似，但他們有自己獨特的靈魂、性格、喜好，從出生那刻便是。我們拚了命想保護的，其實是孩子需要自己學會保護的。我們替孩子拒絕的，其實是孩子自己要考慮是否拒絕的。我們能做的是給出建議，給予適當補給，然後，放手站在孩子身後。支持他們的決定，尊重他們的選擇。

讓孩子摔、讓孩子痛，讓孩子跌跌撞撞的向前摸索。

但也讓孩子知道。當他們一回頭，我們就站在這裡。

擁有放手的勇氣，是父母的重要課題。

10／如果妳沒有當媽

把時間倒轉吧，回到那年的那個晚上，和男人相遇前，在另一個平行時空，沒結婚、沒生孩子的妳會過著怎麼樣的生活？我來猜猜看。

妳會比較時髦、比較年輕、比較優雅。妳的工作表現很出色，坐上小主管的位置。歪著頭夾著電話，手指流利地敲動著鍵盤，加班到深夜。再踩著高跟鞋到小酒館去喝一杯，嘉獎自己的努力。

三十歲後，妳養成上健身房的習慣，不只是為了偷看旁邊揮灑汗水的小鮮肉，也為了讓身體維持緊實線條，為了能穿上那些妳已經買得起的，那種有點貴的精緻衣料，合身美妙的剪裁。

最新的電影、最美味的餐廳，裝潢最高級的酒吧，妳都去看過、品嘗過，還打了卡。夜店和KTV倒是很少去了，妳和友人現在最喜歡的是爬山和慢跑，是下午茶和野餐，妳們從晝伏夜出的青春少女，變成時時沐浴在陽光下的成熟女子。

姐妹聚會時，妳們聊著李奧納多怎麼變那麼胖？怎麼從一個盛世美顏、俊俏小伙，變成頭禿肚圓的中年大叔了？什麼？他四十幾了嗎！不過他還是很有魅力，到現在還單身，大概是在等我吧。妳們在餐廳裡格格的笑，完全不在意旁人眼光。

外型呢？妳已脫離妹仔的濃妝年代，更注重的是細節質感。妳定時修指甲、保養頭髮，關節處保養的柔潤滑嫩。妳微笑時眼角有一抹魚尾紋，眼神亮閃閃的，比從前更自信有魅力。

妳發現男孩子對妳很感興趣，很年輕的男孩來向妳搭訕，是妳從前很喜歡的那個類型啊，早十年前你們去哪裡了？妳想起當年向喜歡的男孩告白：「我喜歡熟女，所以抱歉了，我們當朋友就好。」終於阿，妳終於熟了啊，就像展翅而飛的天鵝，就像旁邊煎得微焦，中間軟嫩溼潤的荷包蛋，這下熟得剛剛好了吧，真想讓他看看他錯過了什麼！

於是妳搜尋起他的臉書，嘖，這位阿叔，剛娶了一個22歲小嫩妹，還生了孩子是什麼招？這合法嗎？女生懷孕的年紀在美國連酒都不能喝吧？妳以為他是喜歡溫蒂小姊姊，長不大的彼得潘，其實他成了梳油頭、蓄鬍渣的虎克船長，然後還是喜歡小溫蒂，那可恨的溫蒂啊。

其實妳也是說說，他已微微發福露出中年人的疲態，再也不是當年那個玩世不羈的倜儻少年，在妻女旁笑得傻兮兮像隻溫馴綿羊。當年沒在一起也好啊，妳微笑著關掉了視窗，覺得滿足。

妳最好的朋友結婚了，還生了孩子。妳喜歡孩子，但僅限於安靜有禮貌能控制的孩子。約在親子餐廳，妳意興闌珊地叉著怎麼能這麼難吃的義大利麵，邊看著朋友的背影。她陪著不肯讓妳抱的孩子，坐在遠方地板上玩玩具。她還沒吃兩口，食物都冷掉了，那，為什麼她還是沒瘦下來呢？那屁股還真渾圓啊。孩子終於在推車上睡著了。她在對面坐下，有點歉疚的看著妳，我們剛剛聊到哪裡？她還是有化點妝，還是稍微打扮了，起碼這件寬鬆襯衫還不難看，可稱為男友風吧。

但她臉上有遮不住的倦容，眼神散發出慈愛光芒。這是誰啊？那個妝髮完備，濃黑眼線總是畫的淘氣飛揚，和妳一起在夜店痛飲，互摟著脖子大聲叫嚷的，妳的好朋友，她去了哪裡？

妳聊起大家的近況，她嗯嗯嗯的聽著，邊壓著臉頰旁的短髮邊把食物塞進嘴，眼睛不時掃一下嬰兒車，她真聽進去了嗎？妳沒怪她，妳知道她還是愛妳的，她只是太疲憊，太忙碌了。但妳有點疑心，她是不是在為妳擔心？從前還會問：「妳和那個Andy？還是Alex？長得高高的那個叫什麼？對了Eric，妳們最近怎麼樣啦？也在一起好久了，想結婚嗎？」這兩年，這話題幾乎絕口不提了，她還說：「其實不婚不生也很棒呢，我羨慕妳們。」

她好像刻意在強調，怕她的擔心太明顯。其實妳根本不在意啊，妳心中默默說著：「我又不是嚮往婚姻的女人。」會焦慮嗎？偶爾也會，畢竟女人和男人不一樣，生育年齡過了就是過了。現在想著不婚不生，會不會哪天又後悔了呢？但妳現在生活很充實、很滿足，而且就沒遇到想共度一生的人，焦慮也沒用吧。

但有時沒安排節目，一個人有點清冷寂寞的周末冬夜，妳也忍不住會想。如果回到那年那個晚上，雨沒下那麼大，我沒說狠話，我們沒分手，在另一個平行時空，結了婚，生了孩子的我，會過著怎麼樣的生活呢？

妳來猜猜看。

11／這兵敗如山倒的愛

還沒生孩子之前，妳不知道自己會有多麼愛他，更不知道自己會是個什麼樣的媽媽。妳可能看過、聽過，甚至在心中嘲笑質疑過，那些生了孩子後就一蹶不振，無趣消沉的閨蜜。

那個任性瀟灑，喝酒比男人還豪邁的女孩怎麼就變得這麼憂慮緊張，神經兮兮呢？那個重視打扮，總是一頭波浪鬈髮的女孩，怎麼剪短了頭髮，衣著寬鬆、憔悴素顏呢？怎麼她所有發文，社交軟體照片都圍繞著孩子打轉呢？怎麼她常在聊天時恍神，接不上妳丟的笑料呢？怎麼她的世界會變得這麼小，怎麼她會變得這麼無聊呢？

難道當媽就一定要變成這樣一個乏味的女人嗎？

於是在心中發誓，我絕對、絕對、絕對不要成為這樣的媽媽。我一定要保有自己的生活，我絕對不會把大頭照換成孩子的臉。我一定不會和孩子穿親子裝，那看起來太傻了。我一定要和男人維持甜蜜的感情，不因為生了孩子而變質。我一定要繼續美麗，做個優雅的媽媽。我絕對會堅持所有的教養原則，不被孩子牽著鼻子走。

直到看到兩條線那一瞬間，妳驚嚇得把棒子扔了出去。腦袋一片空白的呆坐半晌，這才想起應該是要高興的，於是妳笑了。九個多月的提心吊膽、小心翼翼，這才知道原來孕婦有這麼多千奇百怪的禁忌，還有這麼多熱心（雞婆）的路人會跑來關切妳吃什麼喝什麼幾點睡覺。原來要做的檢查有這麼多，原來有這麼多因素可能會影響到腹中的寶寶。妳滴酒不沾，咖啡不敢喝，連吃個咖哩飯也要上網搜尋半天，再三確認內含香料對胎兒沒有不良影響。

初期妳天天乾嘔，吐的比吃的還多，只有安慰自己：醫生說害喜越嚴重寶寶越安全。後期妳盡力控制飲食，卻控制不了脂肪恣意增生，逐漸變成一頭壯碩的母牛。妳洗澡時頭暈目眩，爬個樓梯就氣喘吁吁，因為每一口呼吸的氧氣都要分給兩個人使用。

妳半夜瘋狂抽筋，因為寶寶成長需要鈣質，只能從妳身上大量提取。妳不敢熬夜了，事實上常常十點不到就眼皮緊閉，瞌睡欲死的爬到床上。周末妳推掉了姐妹邀約，她們夜夜笙歌動次動次，妳挺著大肚皮看寶寶在裡面夜夜笙歌動次動次。這孩子真是精力充沛啊！腳太有力了！妳驕傲撫著肚皮對朋友這麼說，卻從她們的眼神中發現自己已經開始變成了那種，嗯，傻瓜媽媽。

孩子終於呱呱墜地那一刻，妳雙眼離不開這個熟悉又陌生的小肉球。原來你就是我的孩子嗎？原來我真的做媽媽了嗎？妳抱著寶寶，確認他一切正常，四肢健全、哭聲宏亮，這才真正放下心中壓了十個月的大石頭。

剛開始手忙腳亂照顧孩子，那些寫不完且沒日沒夜心酸血淚。妳常常累得雙眼無神，蓬頭垢面。頭髮長期沒有整理變成一坨褪色稻草，四個月後又開始無情掉落。只有狠下心剪掉一大段，盼望能重新長出一頭豐厚秀髮。

肚皮鬆垮垮的，而胸部漲奶到難以想像的奇型怪狀。妳想為孩子滿月酒找一件適合的衣服，卻頭一次發現自己的胸背厚到沒有一件洋裝能塞進去。洗澡時看著完全變型的身體，妳忍不住沮喪心情。真的，這受盡摧殘看起來很不美妙的身材，真的還能恢復原狀嗎？妳搖搖頭不敢再想下去。

妳可能還要擠奶、餵奶，於是出門都穿著寬鬆的大襯衫。妳要抱孩子，於是高根鞋塵封在鞋櫃最上層。怕孩子抓於是頭髮總是綁著，怕孩子會敏感，於是妝不化了、香水也沒噴。看著鏡子裡面那個綁著亂髮，穿著休閒又素顏的女人，妳恍然發現自己已經變成了那個，有點狼狽的母親。

孩子實在太可愛了，妳再三提醒自己不能在大頭貼上放他的獨照，那實在太頹廢！於是選了一張妳也勉強能看的合照。每一天拍下的每一個表情，每一個新的動作，妳都要按住自己想上傳的手，別做個瘋狂晒娃的媽媽。妳莫名奇妙開始覺得親子裝挺有趣的，而且發現為孩子買的衣服就是妳喜歡的類型啊！於是妳和孩子穿著很像出門了，又高興又有點害羞的拍了一大堆照片。

在這日復一日瑣碎疲憊的育兒生活裡，男人不是沒有幫忙，但妳其實希望他是一起分擔而不是幫忙。孩子瘋狂啼哭，男人卻在旁結實打呼的每個深夜，妳只想著要怎麼掐他脖子才不會留下傷痕，卻早已忘了怎麼和親愛的他依偎而眠。

偶爾，光線特別美麗的某個周末清晨。妳睜開眼睛看見男人熟睡側臉，像個孩子一樣純真。妳微笑，伸出手摸摸他的鼻梁，彷彿又回到從前那些美好時光。就在這時旁邊響起嬰兒尖銳哭聲，只好嘆口氣。「喂！還睡！快去泡奶了！」於是妳接受了，暫時甜蜜只能在回憶裡尋找。但現在妳連能回憶的時間，都太少太少了。

妳嘗試用各種方式訓練孩子，有的成功了，有的卻完全挫敗。後來妳知道原來每個孩子與生俱來的氣質都不同，並不是媽媽能夠控制的。於是妳退了一步，試著和孩子磨合出一個最適合的相處方式，卻常常接收到許多外界的雜音，讓妳煩燥不安，懷疑自己。

妳這才發現原來想像中的優雅育兒，大部分時間就是一場美麗的夢，而且醒得太快。大部分孩子就是會尖叫，就是會狂奔，就是會吵鬧造成別人的困擾。妳能做的只是不停的汗如雨下，追趕跑跳，並向周圍的人道歉。妳能做的只有不停的教育孩子，並希望他總有一天能夠聽懂。

於是妳變得寬容了，眼神柔和了，心腸柔軟了。妳體會到原來這一切這麼不容易，妳不再用質疑或輕蔑的態度看待其他母親了。因為妳終於知道自己從前有多麼傲慢，因為妳終於知道，為愛做的改變能有多麼大。因為妳真的燃燒了自己，希望能夠為孩子照亮人生的第一哩路。

因為妳終於，兵敗如山倒的愛了。

寫給所有因為失去自我，而感到有點自卑的媽媽。我們並不是永遠放棄自己，是暫時有重要的小人兒需要守護。還有夫君們，我們不是永遠放棄愛情，但，暫時一起守護這重要的小人吧！我守護的小人兒偷了餅乾躲起來吃，以為把自己藏得很完美。為了這傻裡傻氣的笑容，我甘願變成又狼狽又崩潰，又愚蠢又痴心的傻媽媽。

第二部

我，媽媽的不同狀態

01／我的媽媽撐著雨傘來接我

我媽媽性情溫柔，我甚至沒有她大發脾氣的印象，但有些事她非常堅持，非常狠心。

小學公用電話亭，下課時總是排滿一長隊，手握零錢、神情緊張的孩子，每次經過我都覺得很羨慕。我不會去排隊，因為我媽媽從不幫我們送忘記帶的東西去學校。不管是體育服、課本、作業本，各種文具，忘記帶了就是接受懲罰，就算是體罰也只能認了。媽媽總是說：「我沒辦法送一輩子，你們自己的事要自己記得，要學會負責任。」她。

別人媽媽都來，就是我媽媽不肯，為什麼她這麼狠心？我心裡很氣

升上五年級的夏天，某個星期六上半天課，放學突然下起大雨，我和十幾個沒帶雨具的孩子一起在學校穿堂等候。慢慢家長來把孩子都接走了，最後剩下我和一個六年級學姐。學姐看看我說：「妳媽媽會來嗎？」

「會。」不知道為什麼，我不肯承認媽媽不會來。兩個人呆坐看著雨稀里嘩啦的下，學姐的媽媽撐著傘出現了。

「妳家住在哪裡？要不要我們送妳？」學姐媽媽很好心的問。

「不用了，我媽媽會來的！」我固執笑著搖手，目送她們離開。

我也不知道為什麼我這麼彆扭，大概是在賭氣，我就是不願意承認媽

媽不會來接我。又過一會兒，一個認識的老師下班要回家經過我身邊。

「哎呀妳怎麼還在這裡？沒帶傘嗎？要不要打個電話給妳媽媽？還是老師送妳回去？」

「老師不用了，我不打電話。我媽媽不會來的，她才不肯來接我。」說著一陣委屈湧上，突然哭起來了。老師嚇一跳，趕快安慰我：「媽媽很忙是嗎，那沒關係，老師送妳回去吧！」

「嗯。」用衣袖擰乾眼淚，剛站起身就看到大雨中校門口一個模糊熟悉的人影。

「小亞。」

「是媽媽！媽媽來了！老師，我媽媽來了！」我驚喜高興得不得了，三兩步跳著去抱緊媽媽。

「等很久了吧？我剛才想到妳應該是忘了帶傘。」媽媽溫柔地摸著我的頭。

我，媽媽的不同狀態

02

「我以為妳不會來。」我抱著媽媽眼淚流個不停，她身上還有炒菜油煙的味道。

「我是不想來，可是突然下雨也不是妳的錯，所以還是來啦，不要哭了，我們回家吃飯。」那是唯一一次，我媽媽送東西來給我，唯一一次，也是最後一次。

媽媽後來就生病了，十一歲時她離開了我們。那之後再也沒人會送傘給我了。要不就等待雨停，要不就冒雨而行，慢慢地我不會求助，也忘記怎麼撒嬌了，長成一個很獨立、很堅強，甚至有點在逞強的大人。

女兒出生後，我才完全理解了媽媽的心情。這個剛出生的柔軟嬰兒這麼脆弱，她能活嗎？她一天喝那麼少奶，會長大嗎？她能咬食物嗎？會不會噎到？她能自己走嗎會不會摔傷？做錯事我該處罰她嗎？還是不該？不處罰她我又該做些什麼呢？

她幾歲該上學？她去上學會不會害怕？不去上學會不會失去啟蒙教育的機會？我做的對嗎？這決定對她好嗎？我做得夠嗎？我能不能再多做一點什麼呢？

我一直很焦慮，一直很擔憂，一直覺得自己做得不夠，一直在懷疑自己的決定。我想媽媽當年也是這樣吧。她知道我和哥哥性格都糊里糊塗的，最容易的方式就是幫我們送東西，但她選擇不這麼做。因為她認為比起不受懲罰，讓我們學會負責更重要，她就是一個這麼嚴格的母親。也因為這樣，那個媽媽來接我的下雨天，是我最珍貴的一段回憶。因為我知道除了嚴格，媽媽同時也很愛我。我想作為母親，我實在比不上媽媽，但我會努力做得更好一點。我希望我足夠嚴格，但也足夠溫柔，就像我的媽媽一樣。

我希望女兒學會獨立，但也能繼續撒嬌，
因為那其實是很幸福的事情。
我希望我能一直撐著雨傘去接她。

02／天堂的媽媽

「媽媽，妳老了會死嗎，會去天堂嗎？」

「會啊，媽媽如果很老很老了（再三強調），死了就會去天堂喔！」

「那爸爸會死嗎？」

「會啊，每個人都會死的。」

「那妳會去找小黃和莎莎嗎？」小黃和莎莎是娘家的老貓老狗，一年多前過世了。

「會吧，我會去找他們。」

「那我呢？到時候誰照顧我？」

「妳到時候就長大啦，可以照顧自己了！」女兒聽完若有所思，我們躺在床上準備睡覺，黑暗的房間裡只剩風扇轉動的聲音。朦朦朧朧之間，聽到女兒抽抽噎噎的哭聲。

「我不要你們死掉，你們不要變老好不好！」

「你們不要去天堂，剩下我一個人怎麼辦？我會很想你們。」女兒悲從中來，啜泣變成嚎啕大哭。

「媽媽先去找好房子住，我們會在上面等妳的，等時間到了妳也會來天堂的啊！」

「那我怎麼飛上去？我不會飛啊，我上不去怎麼辦！」

「呃……不要怕，到時候媽媽會來接妳的。」

「那妳死的時候，妳媽媽會來接妳嗎？」

突然語塞，「會吧，我媽媽會來接我吧。」

再三安撫女兒終於安心，小手勾著我脖子沉沉睡去。應該是七八歲時的某個普通夜晚，我躺在床上，突然被一陣莫名恐懼淹沒，嚎啕大哭抽噎停不下來。媽媽趕來安慰我，怎麼問我也不肯說原因，只是一直抱著她哭得聲嘶力竭。因為我突然了解到媽媽總有一天會死去，我被這個念頭嚇壞了。

十一歲時媽媽真的走了，累的時候、煩惱的時候，悲傷、快樂的時候，再也不能叫出媽媽這二個字。漸漸我也習慣了，我學會獨立，沒有媽媽我也還是長大了。

三十二歲時生下女兒，她八個月大時已經是個眼神成熟的嬰兒，某天她抓著我的手指看著我，嘴巴念著「嘛嘛嘛嘛……嘛嘛……媽媽。」突然發現她是在叫「媽媽」，媽媽是我啊！我也變成媽媽了。剎那間百感交集，緊緊抱緊女兒，眼淚流了下來。

也許每個孩子都經歷過會失去父母的恐懼，女兒擔心得比我早很多。我希望我能很健康活著很久很久，能陪著她很久很久，我希望她能安安心心的長大，我希望離開她的時候，她已經不會害怕了。從生下她那一刻起，我就是媽媽，我希望能一直、一直、一直的做她媽媽，我希望她長大成人，還是隨時可以撒嬌耍賴，隨時可以說著：「媽媽，我需要妳。」

我希望她可以一直叫媽媽，因為那是全世界最幸福的事情。我希望就算到了天堂也能繼續看顧她，就像我自己的媽媽。

03／記得好好告別

媽媽離世時我十一歲，很突然，完全沒有心理準備。我很害怕，非常害怕，死亡第一次向我展現它不可逆轉的蠻橫力量。每天笑著叫我名字，每天抱我，每天睡前親我臉頰一百次的媽媽，怎麼就這樣不見了呢？

她去了哪裡？她還看得到我嗎？她知道我在哭嗎？我怎麼會突然變成沒有媽媽的孩子了呢？我從此就變成沒有媽媽的孩子了嗎？

葬禮時我甚至不肯看她最後一眼，在棺材邊我嚇得發抖，大哭著跑走了。我不能接受媽媽躺在那裡再也不會起來，也許我就是不願意承認她走了。之後很長一段時間，想到媽媽就會流下淚來。心裡那個巨大空洞吞噬了我，我以為失去媽媽的孩子是沒有笑的權力，我覺得我應該受到懲罰。

我沒有向媽媽告別，但依戀媽媽的無憂童年還是離我而去了。

我一直努力回憶，那天清晨去上學，媽媽有抱我更緊一點嗎？我有好好跟她說再見嗎？我有告訴媽媽我很愛她嗎？怎麼想都想不起來，最後的回憶是一片空白，沒有向最愛的媽媽好好告別，非常遺憾。

女兒三歲開始上幼稚園，儘管每天熬夜工作到半夜兩三點，七點半我還是會起床，叫醒女兒，幫睡眼矇朧的她洗漱、換衣服，牽著她到門口穿鞋，好好抱著她說再見，我愛你，晚點見。少爺也是，前晚吵得再兇，我也會抱抱他說再見，我愛你，晚點見，然後看著父女牽著手轉彎消失在視線裡，才把門闔上，這是每天早晨最重要的儀式。

人生難以預料，每次告別都要記得好好說再見，記得對愛的人說愛，記得緊緊擁抱，記得目送對方背影離去。因為每次再相見都不是必然，每次說愛都能把回憶加得厚一點，每個黏膩的擁抱，都是不得了的幸福。

請記得一定要好好告別。

我，媽媽的不同狀態

02

04／全世界最勇敢的，膽小鬼媽媽

從妳出生那一刻起，媽媽就變成全天下膽子最小的人。

妳怎麼都不哭？妳一直哭是不是不舒服？妳怎麼都不吃？妳會不會吃太多？妳怎麼不愛動不會說話呢？妳一直說話動不停是不是有過動症了？妳上學會不會被欺負？妳會不會欺負別人呢？媽媽不在身邊，妳會不會很寂寞？媽媽一直在身邊，妳會不會長不大？

媽媽總是在擔心，總是在焦慮，媽媽總是怕妳餓了、冷了、病了、傷心了，媽媽恨不得變成一棵濃蔭大樹，永遠在妳頭頂遮風擋雨，但又告訴自己得張開一點縫隙，因為怕妳被保護得太好不能獨立。

這個什麼都怕的膽小鬼媽媽有時候，其實很疲倦、很煩躁。

偷偷告訴妳，媽媽其實是個自私自利的懶惰女人。媽媽在還沒當媽媽以前，碰到問題只會逃，遇到困難就放棄。媽媽過去的人生裡，從沒有為誰這麼堅持到底。媽媽常常發脾氣，因為太過勉強，因為被生活瑣事追著跑，還想掙扎著保有一點自己。媽媽總是很忙碌，被妳纏著腳、抱著腰舉步維艱，我還是努力帶著妳前進。

媽媽很膽小，但媽媽也充滿了勇氣。
媽媽的膽小和勇氣，都是因為妳。

05／充滿缺陷的媽媽

我啊，在剛生了孩子那年，彷彿闖入未知的人生領域，第一次發現自己充滿缺陷。

不足，什麼都不足。耐心不足、愛心不足，反應很慢、脾氣很壞。就算是為了最愛的孩子付出，我還是常疲倦埋怨，覺得不甘願。不夠，什麼都不夠。不夠堅強、不夠勇敢，時間不夠、體力不夠。我總是手忙腳亂、跌跌撞撞，為什麼別人看起來輕易能做到的事，對我就這麼難？

甚至會懷疑自己，是不是我太自私，太軟弱？是不是我母愛不足夠？

我很努力，坦白說，做媽媽大概是我人生中最努力的一份工作，但我仍然覺得自己不夠好，做的不夠多。女兒從小不愛吃、不愛睡，夜夜起來哭號，拚命查找資料用盡各種方法仍不能改善，幾個月後身心俱疲，瀕臨崩潰。

我會對著遲了半小時下班的男人大吼，覺得他不早點回家是在逃避。我會對著不肯入睡的女兒咆哮，覺得她在故意浪費我的生命。事後覺得自己非常糟糕，我怎麼能這麼負面？我怎麼能控制不住情緒？我怎麼能怨恨這兩個，我自己選擇要深愛的人？

我好像快要溺水了，好像一腳踩進流沙裡了，卻沒人能聽見我呼救。作為母親，我的情緒壓力，身體狀況都不值得被關注，因為孩子更比我更嬌嫩無助，她才更需要呵護。

以母愛之名附加的責任有多重、多繁瑣，沒人在意，也沒人會同情，因為媽媽就應該強大，媽媽怎麼能喊累？因為就連我自己都瞧不起這個，盡力維持表面微笑，心裡卻無比疲憊的自己。

是到女兒一歲半左右，我終於意識到，愛不愛和累不累沒有關係。

母愛是無限的，的確是，但就像一汪汩汩湧出的泉水，不停地裝，不停地舀，還是會暫時枯竭。體力不是無限的，如果沒有幫手沒有後援，二十四小時，全年無休不停歇地陪伴照顧，身心都會緊繃到崩潰邊緣。

我們愛不愛孩子，很愛，愛到必要時犧牲自己生命也在所不惜，但生活中並不常有機會能如此強烈證明我們的愛。多數時間，我們是在不斷重複的在瑣碎裡被壓榨著，被永遠做不完的雜事驅趕著，疲憊厭倦，懷疑著自己的愛。

我們是人不是機器，就算是機器，也需要偶爾停下上點油，調整數值，更新程序再重新運轉前進，我們都需要喘口氣，需要一點時間和空間來找回一點點的自己。

我不願意有不情願的犧牲，於是我接受了自己並不完美，我是一個有很多缺陷的平凡媽媽。我不喜歡煮飯，廚藝也不特別精湛，有時會給孩子吃外食。我家事做的鬆散，只要不是太過髒亂，一切得過且過。我很沒耐心，陪孩子玩常常放空發呆，想自己的事。我不夠精明能幹，很多時候也糊里糊塗，隨隨便便的。

我低潮時會有壞脾氣，需要獨處時會希望孩子別來煩我。我仍然有想做的事，想買的東西，想見的朋友，我不會為了孩子把這一切都捨棄。

但我會看著孩子微笑，我會給她全世界最深的擁抱。我常常吻她告訴她我很愛她，大部分時間在她面前都是個明亮燦爛的母親。我想這比什麼都重要，女兒知道我愛她，而且是快樂的愛著她。我想這就足夠了。

一個受傷，疲倦，崩潰的人是沒辦法照顧別人的。我們首先學會不苛責自己，才能有足夠的勇氣面對情緒壓力。我們都不需要完美，事實上這世上大概沒有完美的媽媽。

就做個有血有淚、會哭會笑，有時懶惰、有時暴躁、有時傷感，有時想逃的有缺陷的媽媽吧。

有缺陷也沒有關係，有缺陷，才有愛能流出來。

06／徒勞無功的媽媽

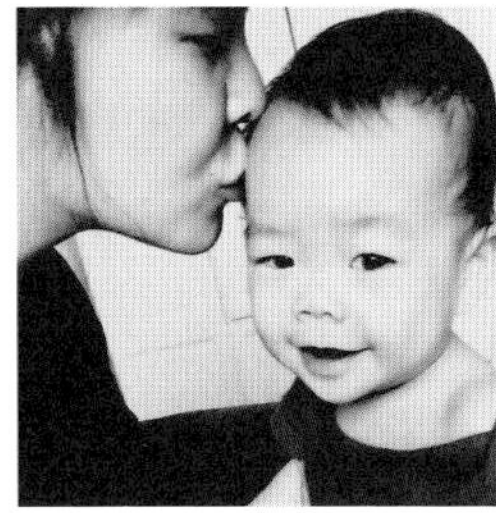

忙了一天，妳發現自己好像什麼都沒做。家裡還是很亂，永遠有衣服在晒，玩具四處散落，地上拼圖少了幾塊，妳看都不敢看。孩子睡著了，小臉蛋平靜安詳像個天使，妳低頭親親她，她身上香噴噴的，同時妳聞到自己身上的油煙、汗水，臭烘烘的。妳這才想起來，今天好像還沒洗澡？

手機打開，通訊軟體上有兩百多個未讀訊息，少女閨蜜們正在熱情相約：「走啊，那個躲著不出門也不回訊息的媽媽，跟我們去峇里島，妳過得太緊張了啦。」

「孩子真的沒人顧，而且下個月又要繳學費了啊。」妳說不出口，這些話太煞風景，太俗氣。

「我還不行啦，要瘦回來才能穿比基尼，再等等我吧。」再加上個眨眼的表情符號。這麼回答，應該還挺俏皮的吧？不會太像個媽媽吧？但妳好像不屬於這裡啊。

學校媽媽群組裡討論著：「不知道到底是誰家孩子腸病毒還去上學？我家孩子今天確診了，自私鬼真是害死人啊！」

「辛苦了，孩子生病媽媽最累了。」妳禮貌表達了安慰，也不知道還能多說什麼了。但妳好像也不屬於這裡啊。

什麼時候開始，妳覺得這麼寂寞？每分每秒好像都很忙碌，但朋友問妳最近忙些什麼，妳卻辭窮說不出口。總是在餵奶餵飯，陪玩陪睡，總是有碗盤要洗，總是有垃圾要丟，總是紮著頭髮黃著臉，東弄弄西弄弄，卻看不出有什麼成就。

現代不流行比孩子了，不流行把孩子當作自己的成就了。現在崇尚的是瀟灑從容，自由又帥氣的母親。

看看社群上的貼文，好像大家都邊帶孩子，邊恢復火辣身材；邊帶孩子，邊追逐夢想；邊帶孩子，邊維持恩愛夫妻；邊帶孩子，邊笑得很燦爛。「看看，我才不是那種傳統苦命媽媽，我可是辣媽。」

妳也很想做到啊，但為什麼別人好像一分鐘可以處理好幾件事，妳卻連一件都做得很吃力？有時真覺得自己庸庸碌碌徒勞無功，沮喪又落寞。

我想告訴妳，請妳不要相信事業家庭兩兼顧的故事。
永遠沒有兼顧這種事，只有取捨，
人生不會完美，只是做出選擇。

如果想衝刺事業，一定要有後援幫妳照顧孩子。如果想自己帶孩子，事業肯定會受到影響，時間切割得零零碎碎。想保持完整的自我，孩子會來拉扯妳。想陪伴孩子度過一個美好的童年，妳勢必要做出讓步，這就是真實世界裡的母親。不要羨慕網路上的那些美麗畫面，明星網美夢幻似的育兒生活，事實上大家都是呈現美好一面，私下各有各的辛苦，各有各的退讓。

母親也是一份職業，是一份妳能經歷過最有挑戰性，內容最繁瑣細微，最需要長時間盡心盡力，堅忍不拔的努力地工作。

請不要看不起自己。一事無成徒勞無功？那有什麼關係呢？待妳年老繁華落盡，這看似無趣乏味辛苦的每一天，會是妳最甜美的珍貴回憶。

07／幼稚的媽媽

其實我打從根本，就是一個很幼稚的媽媽。我會和女兒吵架、賭氣、冷戰。我也會把音樂開到最大，拉著她手跳舞、胡鬧、亂吼亂叫。

我脾氣很壞、沒有耐心，雖然常讀《跟阿德勒學正向教養》之類文章，還是沒辦法完全做到同理他、接受他、原諒他、放下他。盡量忍耐了，但還是會忍不住咆哮。努力深呼吸，但總是耐不住跳腳。（怎麼覺得描寫孩子他爸更合適。）

不會因為女兒年紀小，我就什麼都讓她，碰到自己不能忍受的事情，我會跟她爭執，希望她也讓步。有太多人告訴我們要注重孩子的心理，也太多人勸告我們，孩子不應該知道父母也有心理，而我覺得那違反人性，很難平衡維持下去。

父母跟孩子是雙向關係，父母要保護孩子好好成長，但孩子也要理解父母有快樂、有悲傷。同理心應該從小就要學習，而不只是做了父母才要具備。父母也是人，生活有順逆、有高低，也有陰晴圓缺，坦白說我覺得只要不遷怒、不過度，適時讓孩子知道爸媽是有情緒的人，為什麼不可以呢？

壓抑真實情緒，永遠形象美好的父母，對孩子真的好嗎？他會不會以為全天下人容忍度都這麼高，世界只有微笑？當然我不是說要把情緒一股惱地發洩在孩子身上，但我們鼓勵孩子不要壓抑情緒，為什麼父母在他們面前就要這麼壓抑呢？這不是很矛盾嗎？

卡通《蠟筆小新》裡，妮妮媽媽整天保持完美微笑，卻在廁所揍兔子出氣，孩子不小心看到才嚇死了吧。父母自然流露情緒，孩子也能比較放鬆，知道其實生氣悲傷，產生負面情緒都沒那麼嚴重。吵架也沒關係，吵完我們會擁抱；賭氣也不要緊，氣完又一起笑嘻嘻；冷戰沒什麼問題，醒來又是下一個天明。這是我們家，常常雞飛狗跳，雞貓子鬼叫，但還是幸福的一家。

我不是完美父母，女兒也不是完美孩子，

我可能很幼稚，但我很真實。

我希望女兒看到一個真實的媽媽，

而且她知道媽媽還是很愛她，這樣就夠了吧？

我覺得，這樣就夠了。

我，媽媽的不同狀態

02

08／我們這一代媽媽

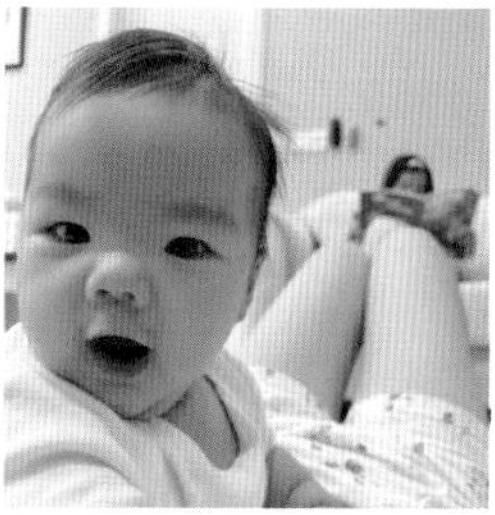

我們這一代媽媽，大概不怎麼偉大。我們跟從前媽媽不太一樣，我們比較嬌慣，也比較任性，比較有主見，也比較不認命。

我們不再是家事全能的「賢淑女人」，我們是只想躺平的女人。我們怕瑣碎又懶散，能機器做就不想動手，能花錢解決的事就不願將就。對於家庭經濟，我們更寧願想想怎麼開源，而不是精算節流。

對於孩子，我們注重教養，看遍各大專家建議不斷練習，但還是常常忍不住發火。我們總是後悔、常常內疚，但隔天仍然該罵的罵、該吼的吼。我們不太情願在加入孩子班級溝通群組時改名，因為我們不想只做ＸＸ的媽媽，我們更想保有原本的自己。我們愛慕虛榮，重視個人形象，學校通知要參加親子活動時，我們第一個念頭是「我不能輸，出席前得減個肥再買件漂亮衣服。」

其實我們仍然是很愛孩子的母親，手機裝滿一萬張孩子照片，每天都在容量邊緣掙扎。我們睡前會痴痴看著小臉傻笑親一百遍，但到寒暑假前夕又如驚弓之鳥不寒而慄，半夜上網查詢著「夏冬令營，最好包吃包住包到十八歲。」

在婚姻中我們可以同甘共苦，但不想一個人吃苦當吃補，我們可以忍耐短期的磨合，但不能接受看不見改善的未來。我們不再相信「嫁雞隨雞，嫁狗隨狗」，比起感恩的心，我們更想高聲歌唱「陪玩、哄睡、洗澡、擦大便代表你的心。」

我們在當媽前已經很明白自己是什麼人，想要的生活是什麼樣子，可能就是太明白了，才這麼不服氣。

回想起來，大概是從夾著嬰兒洗屁股，看到鏡子裡狼狽自己的那刻起，我們就堅定立志向。「現在失去的，有天我也能拿回來。」我們就是這樣一群「家庭美滿孩子快樂很重要，但我自己的人生也很重要」的女人。我們不想只為了孩子活著，更想為了自己發光發熱。

我們這一代媽媽，大概不怎麼偉大，但也絕不卑微。

我們很努力，但也容許自己軟爛。我們一路走來跌跌撞撞，但我們和世世代代的媽媽一樣，都是哭著哭著就笑了，辛辛苦苦的幸福著。妳們也是我這樣的，不完美的媽媽嗎？祝我們健康平安，美麗勇敢而強壯，溫暖家庭同時也照亮自己。願我們永遠哭著笑著，幸福著。

09／媽媽這種生物

媽媽就是繁。
各種憋。

憋尿、憋屎。
憋咳、憋噴嚏。
怕吵醒孩子時，連屁都能不合理的憋。

媽媽就是雉。
各種漬。

奶漬、水漬、黃金漬。
油漬、泥漬、牙膏漬。
到處色彩曖昧，來歷可疑的汙漬。

媽媽就是嫯。
各種熬。

熬過孕吐、熬過失眠。
熬過生產、熬過復原。
熬過母奶、熬過夜。
熬過崩潰、熬過負罪。

熬過孩子生病，熬過孩子頂嘴，
熬過自我的懷疑，熬過教養的疲倦。
最後孩子大了離開身邊，再熬過思念。

快樂、煩躁、幸福、焦慮、希望、厭世、堅強、軟弱。
混在一起攪拌，就是愛。
拌勻了，就是媽媽。

各位鰲、雉、嫯們，乾杯。
為我們的困頓，狼狽與淚水，
為我們的努力，堅持和勇敢。

我，媽媽的不同狀態

02

第三部

我，與孩子的對話

01／媽媽一歲了

媽媽永遠是最愛妳的人，那種愛是內建在她血液、骨頭、每一個細胞裡無法移除的。所以就算妳出生時長得像鄭則仕嚇她一跳，她依舊愛妳。

她可以忍受妳一天大便十次，兩個月就開始厭奶。她也可以忍受妳七個月厭食，把食物吐在手上抹了全身上下。每長一顆牙，就半夜連續哭鬧兩星期。

她記得妳第一次看著她眼睛微笑，第一次抓住她手指咯咯笑，第一次對著她叫媽媽（就算叫爸爸更早許多）。她也記得妳第一次扶著床站起來的得意，第一次拒絕幫助邁開小腳往前走的勇敢。她全都記得。

我沒有想過當媽媽，我從來不是幻想著組織美好家庭的女生。我一向自我、懶惰而且自由主義。突然有一個小肉球嗷嗷待哺，二十四小時有著各式各樣千奇百怪的需求，因為妳是媽媽。媽媽就應該母愛充沛，媽媽就應該體力過人，永遠把孩子放在自己前面。坦白說我常常覺得自己不足，常常懷疑自己不是個好媽媽，不是個足夠有愛心和耐心的好媽媽，我還是常常懷念以前的自己。

因為怕孩子抓頭髮，所以永遠綁著；因為怕孩子餓了吵鬧，所以永遠先餵飽她，自己吃冷掉的食物、腫起來的麵。因為疲倦所以怠惰運動，身材走得太遠了暫時不想回來。和單身朋友們談天時為了避免談太多孩子的話題，所以變成一個言語乏味的女人。看到好像還單身無拘無束的射手座爸爸時，想掐死他的時候多過想親吻他。

我想大概所有媽媽都是這樣產生的吧。綁著一頭亂髮，身材不大美妙，目露凶光。做媽媽的快樂是前所未有的，而痛苦也是。我個人認為老二老三老四更應該好好感激你的父母，他們經歷了這一切WTF，仍然願意再把你生出來。

但是的確，妳的確是無與倫比的美好，是一切溫暖的希望，是一切值得努力的事物。是一切不曾體會的快樂。

妳的確是照滿一室的光亮。

我親愛的女兒，願妳人生的每一天都充滿愛。

我，與孩子的對話

03

02／這讓人窒息的愛

妳從來沒被如此強硬又熱烈的愛過。

從一早醒來她就不停呼喊妳，離開她視線超過一分鐘，她就聲淚俱下，悲悽到彷彿沒有明天。她每分每秒都纏在妳身上，討親、討抱、討拍拍，緊緊抓著妳大腿拖行。上廁所時她在外面瘋狂拍門、嘶吼哭鬧，最後妳嘆口氣把門打開，她一臉倔強，噙淚抱著妳的膝蓋。她不嫌臭，她只想黏著妳。

她模仿妳所有舉動，重複妳的每一句話，穿著妳的拖鞋滿家亂跑，甚至拿妳的化妝品在鏡子前面塗的自己滿頭滿臉。坐車時他想牽著妳的手，吃飯時想坐在妳腿上，走路時想要妳抱，睡覺時要抓著妳的頭髮。

這樣日復一日的親密相處，讓妳非常疲倦。有時候妳看著她，覺得又熟悉又陌生，妳仍然會想著：妳這小傢伙到底是打哪兒來的啊？有時候妳覺得心好累，因為妳完全失去了自己，因為妳還沒忘記自己有名字。因為妳還記得自己不是生下來就叫做媽媽。

妳曾經花樣年華，任性妄為的少女時代，
怎麼已經像是上輩子的事了呢？

妳不是才剛滿十八歲，揪著朋友醉倒在錢櫃嗎？妳不是才在半夜走進誠品，在排行榜前面流連假扮文青嗎？妳不是才領了第一筆薪水，在百貨專櫃用自己的錢買下第一支口紅嗎？妳不是週末才加完班，和姐妹約在夜店前，微醺的擠在人群中，隨著音樂節奏擺動，覺得自己渾身都是狂歡的氣息嗎？妳不是才第一次牽著他的手，感覺心臟狂熱鼓動著要跳出胸腔，羞澀得不敢抬頭嗎？

這些年月裡，寂寞卻又快樂，懶惰卻又努力，沒自信卻又很驕傲的那個女孩，她去了那裡？

半夜孩子男人都睡了，躡手躡腳走到書架旁想找一本書來看，翻出一盒舊照片，是妳和姐妹們簇擁著拍的。那天好像是誰的生日吧？照片上的妳拿著紅酒杯，長髮披肩笑意盈盈，光采十分美麗。妳胸口頓時堵住了點什麼，好像看著已經失去的自己。嘆口氣，把照片放回盒子裡，彎腰整理散落一地的玩具。

「媽媽！嗚——媽媽！」

剛坐下來就聽到睡房傳來哭聲，妳順手把客廳燈關了，因為知道今夜不會再有機會出來。打開臥室門，一片漆黑中看到小人兒坐著哭的鼻涕眼淚糊了一臉。走過去抱起她，她萬般委曲的擠在妳懷裡說：「媽媽進來了，怕怕，媽媽陪睡，媽媽，愛妳。」

抹去她小臉上的淚痕，抱著她說：「不怕不怕，媽媽在，媽媽也愛妳。媽媽會永遠愛妳。」這個小黏黏蟲、小控制狂、小跟蹤狂、小暴力狂。這讓人窒息的愛，這讓人不得不心甘情願的愛。

寫給有點想逃的我們，寫給依舊捨不得的我們。

寫給每一個曾經是女孩的媽媽。

03／給女兒的情書

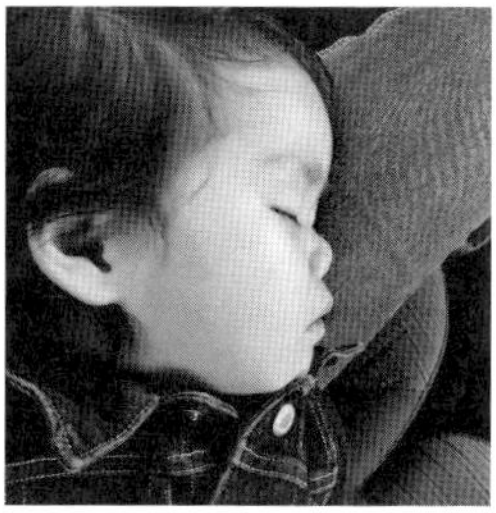

我知道有一天要放手的，但不是現在。現在我還能牽著妳看雲朵、看晚霞，看看今天天空是什麼顏色。牽著妳等春日花開，盛夏踩沙灘。牽著妳走在秋夜涼似水的月光下，牽著妳晒晒寒冬暖烘烘的太陽。

妳總是一睜眼就喊媽媽，看到我就露出安心的笑容。妳總是撒嬌的說著：「媽媽抱抱吃餅乾、媽媽抱抱看電視、媽媽抱抱坐一起、媽媽抱抱睡覺。」妳總是想時時刻刻黏在我身上，說實話有點煩人，但我就是不捨得拒絕妳。妳常想學我做事，把玩具塞在衣櫃抽屜裡，拿剛洗好的乾淨浴巾抹地上的餅乾屑和打翻的果汁，把爸爸亂丟的髒臭襪子掛在陽臺的晒衣架上。妳好心幫的這些忙，常讓我好氣又好笑的花更多時間善後。

妳很友善，見到人會開心地打招呼。妳很有同情心，看到別人跌倒會說：「痛痛，可憐，Sayang。」（馬來語的秀秀）妳記得每個對妳好的人，常常念著：「這是阿姨送的、乾媽送的、叔叔送的、舅舅送的。愛爺爺、愛奶奶、愛外公。」妳每天都很快樂，作夢時常笑出聲來。妳就是一個這麼溫暖又開朗的孩子。

這樣的妳一直讓我很驕傲。

妳是全世界最棒的女兒，

而我並不是全世界最棒的媽媽。

我一直很努力做得更好一點，
請妳不要長的太快了，等我一下。

但總有一天妳會長大的，會有自己的朋友自己的生活，有自己的世界要去探索。也許碰上另一個人共組家庭，妳會收拾行李，笑著和我們揮手說拜拜，就像當年我離開家那麼瀟灑。想到這些我就把妳抱的更緊一點。

我知道有一天要放手的，但不是現在。現在我還想多牽一下妳的手，像從前媽媽牽著我。寫給我親愛的女兒，和天下所有痴心的父母。

我，與孩子的對話

03

04／給女兒的第一封情書

我親愛的女兒，妳五歲了，可以在自己小床上睡整夜了，但清晨天微亮時，妳總是閉著眼睛爬到我們中間，把打呼的爸爸一腳踢開，黏著我滿足再睡一會兒。起床時妳一定要摟著媽媽的脖子，慵懶的換衣服。抱著妳到門口穿鞋子，才甘願笑著和媽媽說再見。

我知道有點寵壞妳了，但妳睡眼惺忪的小表情，媽媽還想多看一會。

妳很喜歡上學，朋友很多，Jake、Daniel、Elsa、Genie，每天傍晚我去接妳，妳總是玩得各種狼狽笑嘻嘻。但妳有時會裝可憐，嘟著嘴說：「媽媽，妳不在，學校沒人跟我玩，我都自己玩。」說完偷看我一下，小眼神閃爍狡黠，又再補上一句：「可是妳明天不要問老師啊。」妳說了這種可愛的小謊，因為想撒嬌，這麼古靈精怪的淘氣，到底像誰呢？

妳現在還是最喜歡和媽媽在一起，總是說著：「媽媽看我！媽媽聽我說！媽媽不要看電話！媽媽不要工作！媽媽陪我玩！」如果不理妳，妳就過來蒙住我眼睛，抓住我的手，爬上我的背，吊在我脖子上糾纏不休。

但媽媽有好多事情要做，有好多工作要處理，偶爾也想獨自喘口氣。煩燥疲倦時，我會忍不住對妳吼：「妳可不可以乖一點？妳可不可以聽大人講話？妳可不可以自己玩一下，不要吵我？」大部分時候妳就乖乖走開了，忙完過意不去抱抱妳，妳總是立刻笑著接納。妳不會記恨，但媽媽會內疚。是我太忙了，媽媽該多花點心思在妳身上。

妳最近吃的很多，長的肉乎乎又高了不少，媽媽一直買著妳的新衣服，又開心，又覺得有點失落。褲子一下就短了，衣服露出小肚皮。這件漂亮小洋裝剛買兩個月，怎麼又會穿不下了呢？妳怎麼會長的這麼快呢？

「我長高了！有一天我會長得很高很高喔！會像飛機那麼高！」妳盡全力跳躍著，伸長短短的小胖手往天空比劃著。「好喔，有一天，妳要長的比爸爸媽媽都高喔！」媽媽笑著想像妳長大的模樣，比媽媽還高的模樣，想著想著，就覺得捨不得了啊。是比任何人，任何事情，都重要的那個小小的妳啊。

媽媽有時也會擔心，會不會愛妳愛得太多了，忘記了自己？媽媽有時也會懷疑，妳總有一天會獨立，那時媽媽還能瀟灑自如，回到原本的人生嗎？妳剛出生時紅紅皺皺的，看起來好脆弱，聲音卻很嘹亮。溫溫軟軟的放在我的胸口，立刻停止哭泣。從那一刻起，媽媽心裡就又是傷感、又是甜蜜。

從那一刻起，
我就成為了又愛哭又愛笑，又膽小又堅強的母親。

所以我還是多抱著妳一會兒吧，多親幾口吧，多說幾次我愛妳吧。趁妳現在還不嫌肉麻，趁妳還喜歡媽媽這麼愛妳，趁我們現在每天都還能膩在一起。妳總有一天會長大，大得我抱不動妳了，大得我說不過妳了，大得，只有父母的世界裝不下妳了。

但妳可不可以別忘記，
春夏秋冬流逝，多少快樂傷心，
只要妳需要我，
媽媽永遠都在這裡陪妳。
妳可不可以，
記得繼續對我說：「媽媽，愛妳。」

05／親愛的兒子

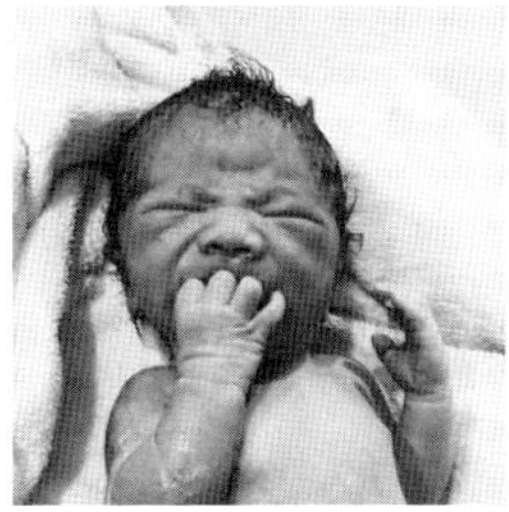

親愛的兒子，歡迎你來到這個世界，這裡寬闊又敞亮，擁擠又忙亂，你喜歡嗎？

那天午後窗外傾盆大雨，待產房滿是人鬧哄哄的。媽媽披頭散髮如野獸般叫著，你軟弱無助又髒又皺滿身血汙，醫生叔叔把你高舉起來，我們就在最落魄狼狽時，和彼此相會了。

陣痛半小時進院，宮口檢查已經開八公分，這速度讓經驗豐富的護士阿姨們都慌張得催醫生快來，無痛剛打下去你就噴出來。

你是從射手星球買了光速火箭票來見我們的吧？何必那麼破費呢？慢點也可以的，我們有一輩子時間好好相處。因為你的急性子，媽媽疼得撕心裂肺肝膽俱碎，差點把你爸手都掐斷了。雖然他罪有應得，看在他是你爸爸面子上，我還是手下留情了。

在這慘無人道野蠻殘暴的過程終點，幸好有小小的你等著，你就是個小太陽，瞬間綻放一室的光亮。而我竟然忘記下半身巨痛了，我看着你笑出來了，周圍人也忍不住都笑了。為什麼呢？媽媽這種生物怎麼如此神奇呢？

你的眼睛清朗有光，鼻梁挺直耳垂好大，你和姐姐長得不太像，但神韻又有點像。媽媽愛你，真的打從心底高興見到你。你安安靜靜躺在媽媽身邊，健康又平安，我就心滿意足。

全世界最棒的溫暖姐姐，傻裡傻氣的爸爸，暴躁沒耐心的媽媽，再加上一個小小的你，一切都不多不少，剛剛好。從此就是我們一家四口了，一起冒險，一起努力，一起哭也一起笑。

親愛的兒子，請多多指教。

06／可是，你對我笑了啊

我啊，好像好久沒睡覺了，好像好久沒好好吃東西了，好像只會發出嘰嘰咕咕嘎嘎嘎的聲音，好像好久沒跟人講話了。我啊，好像好久沒打扮了，好像好久沒穿美麗但不方便哺乳的衣服了，好像好久沒化妝，好久沒整理頭髮了，好像，今早臉都忘了洗了。

我啊，其實好累好疲倦啊，好想倒下大睡一場啊，好想逃走好想躲起來，好想什麼都不管了啊。

我其實想過的，保姆也很好，找個保姆帶吧？你這麼小，誰帶都一樣吧？我再怎麼努力，你也什麼都不會記得吧？

可是，你對我笑了啊。

早晨醒來，躡手躡腳闔上門，洗衣服，弄早餐，剛坐下咬了一口，你伊伊呀呀的叫了。嘆口氣走進房，小小的你躺在大大的床上，揮舞手腳，好活潑，看起來也好脆弱。把你抱起來，看到我，你開心地對我笑了。

早晨的陽光灑在你肉團團小臉上，你的眼睛如星辰明亮，鼻子耳朵軟軟糯糯，你的笑容那麼燦爛，那麼美好，映照在我臉上。於是我心都化了，人都傻了，什麼都忘了，什麼都好了。

親愛的兒子，今天是你出世的第一百零四天了，你這麼小，媽媽再怎麼努力，你也什麼都不會記得吧？沒關係，我記得，我記得就好了。你只要記得，繼續開心的笑就好了。

07／你很快會長大的，我知道的

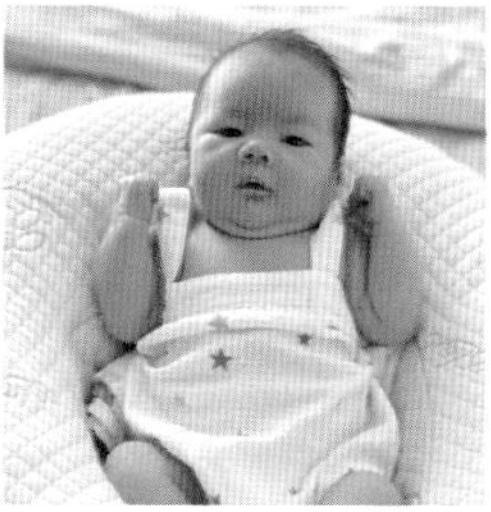

你現在還不會坐呢，你喜歡肚子貼著地，兩隻小肉腳撐著一拱一拱往前移動。累了你就倒下來滾，多滾兩下，也能滾到想去的地方。你的表情很得意，你這個小聰明。

你視力變好了，能大老遠就看到我了，你的小臉肉團團，眼睛光亮亮的，你一看到我，就像天上星星那樣對我笑。

你的小手會緊緊抓著東西了，抱著你時總是捉著我的衣服，我的頭髮。就連睡著了，你還要緊抱著我的手不放開。你很怕我離開，累得眼睛剛闔上了又會猛然睜開，看到我還在，你就笑了，一笑，奶嘴又掉了，又醒了，我又要拍拍哄哄了。

親愛的兒子，你很快會長大的，我知道的。

姐姐就是這麼長大了，曾經以為好久好長的路卻走得這麼快，恍然間她站起來了，會說話了、上學了、會寫字了、開始換牙了，她變成一個懂事貼心的小少女了。

她小時候好難帶，固執、囉嗦、夜夜哭號，弄得我又煩又累，但她也實在可愛，我好想念那個小小的，走路搖搖擺擺、笑嘻嘻的她。

你也不是個好對付的人，你不愛睡覺，夜醒太多次。你厭奶又不愛吃副食品，然後餓得嗷嗷叫。你需求多，愛哭又怕寂寞，你是一個這麼小小的黏黏鼻涕蟲。但我已經知道了，這個小小的你，很快會長大的。我已經知道了，所以我只剩下溫柔，和一點點惆悵。

我的生命本來就很完整，沒有你們大概也不缺憾，但現在已經完全變了，已經不能沒有了，我已經不能想起沒有你們的日子是怎麼一回事了。就彷彿我一直都是母親，彷彿我生下來就是你們的媽媽。

在浩瀚廣闊的宇宙裡，在這個喧囂吵嚷的世界上，現在有兩個小小的你們，健康平安，快樂的笑著哭著、長大著。

只要想到這點，我就感謝神、感謝菩薩、感謝耶穌、感謝阿拉，感謝一切已知未知，科學和神祕的力量。

情不知所起，一往而情深，當了媽媽失去太多，疲倦匱乏卻又心滿意足，能體會到這種奇妙情感實在美好。親愛的孩子，謝謝你們。

08／快一點，再慢一點

快一點，快一點，
請妳再快一點好不好？
出門遲到了，上學遲到了，
妳再快一點好不好？

媽媽我不要穿洋裝，媽媽我不要穿襪子，
媽媽我不要穿這雙鞋。
媽媽我要吃餅乾，媽媽我要喝水，
媽媽我要拿筆，媽媽我要大便。

快一點，快一點，
請妳再快一點好不好？
專心吃飯不要玩，關掉電視去洗澡，
洗完澡趕快出來，吹頭髮不要亂跑！

媽媽我想用筷子吃，媽媽我想看完這集，
媽媽我想玩一下水，媽媽我想看大風吹。

快一點，快一點，
請妳再快一點好不好？
喝完奶就去睡覺，躺好眼睛閉起來，
趕快睡不要講話，再吵我要生氣了！

媽媽我想小口喝，媽媽我還不想睡，
媽媽我想和妳聊天，媽媽妳能不能別生氣？

媽媽也不想生氣，媽媽只想喘口氣，
工作家事天下事，全部追著媽媽跑。

終於妳睡著了，世界安靜了，
事情做完了，媽媽停下看著妳。

小小臉，長長睫毛，
肉肉小手腳，肉肉的妳。
全世界最可愛的妳，
全世界最重要的妳。

慢一點，慢一點，
請妳再慢一點好不好？

長大慢一點，翅膀張開慢一點，

依戀媽媽多一點，愛著媽媽久一點。
媽媽自私又任性，急躁又沒耐心，
但只要聽到妳說媽媽我愛妳，
我就會無奈又滿足的嘆氣。

妳是最棒的孩子，我卻不是最好的母親。
但媽媽會努力，媽媽一直很努力。
請妳慢一點，再慢一點，
等等媽媽，好不好？

當媽媽後，最常說的話就是等一下和快一點，
我是一個脾氣暴躁很沒耐心的母親，我常常檢討自己。
但是，我愛你，每天也說上一百次。
妳也和我一樣嗎？

第四部

我，在育兒這條路上

01／關於產後憂鬱症

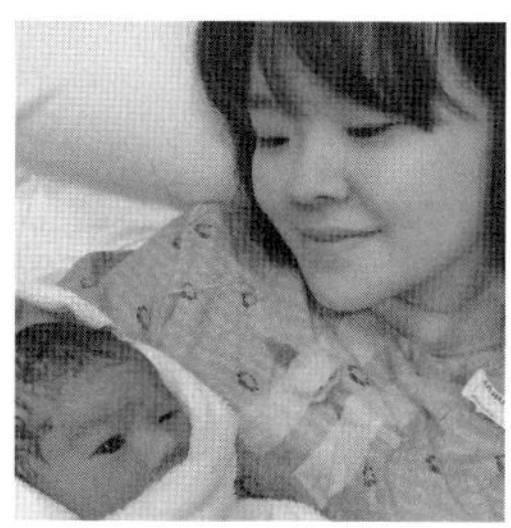

我並不是專家，只是談談我的親身經驗。在女兒出生後的半年裡，其實我並不算快樂。人到底為什麼要生孩子呢？為什麼好好日子不過，要這麼折磨自己呢？我一直反覆不停的想著。

看多了歌頌母親偉大，強調家庭溫馨的戲劇和小說，也曾以為當媽媽就是這樣一件自然而然，並且幸福洋溢的事情。但育兒生活背後的陰暗面，很少被提及。

雖然早有心理準備，做媽媽就是完全失去自我，就是完全犧牲跟奉獻。但實際體會了才知道，這其實是非常痛苦的事情。意思是妳產後傷口還沒好，坐也不是，躺也不能，還是得日夜抱著孩子親餵，因為這才是正確的觀念。意思是就算妳的奶頭已經皮破血流，為了孩子的健康，還是得忍耐每一次錐心刺骨的疼痛繼續哺乳。

意思是為了顧及孩子規律生活習慣，妳得放棄許多外出的機會，天天二十四小時和嬰兒關在一起。意思是難得出了門，他卻在公開場合暴走尖叫，妳怕干擾到別人，只有早早離席。意思是妳不要想睡覺，睡覺的權力不屬於集中營俘虜，被拷問的嫌犯，或一個孩子剛出生的母親。意思是孩子連續幾個月，半夜無理由瘋狂嘶吼，哭鬧幾個小時不停，疲倦不堪到甚至自己也哭出來，仍然得想盡一切方法安慰他。

沒有人注意到，妳也需要安慰。
妳也只是一個嚇壞了、手足無措、倉皇上任的新手媽媽。
好像做了媽媽就是要強大，就是要獨立，
就是要母愛沸騰變成神力女超人，
不然就不是一個好母親。

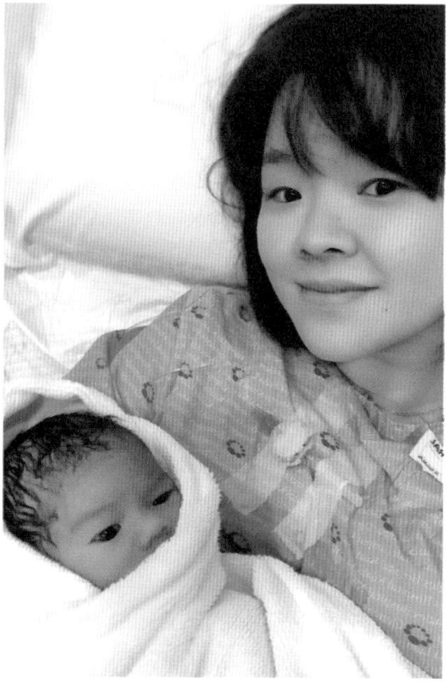

異國育兒，完全沒有後盾也沒有經驗的情況下，就算精疲力竭，也只能咬牙苦撐。產後荷爾蒙大幅下降，加上女兒並不是一個好帶的孩子，我曾有一點憂鬱傾向。

新手爸爸不是不幫忙，但能做的事情有限，而且男人天生對嬰兒的哭聲有抵抗力。每天早上他出門上班，又剩下自己，面對一個其實並不那麼熟悉的親生骨肉。很難形容這種感覺，當妳看到妳的孩子這麼幼小、這麼無助，哭得這麼可憐，而妳覺得力不從心。

妳知道妳應該愛他，他這麼需要妳！但身體的疲憊和精神上的緊繃，卻讓妳感覺到煩躁痛苦，想逃卻逃不了。然後妳不停的責怪自己，為什麼我這麼自私這麼軟弱無能，這麼不像個好媽媽？為什麼別人都能做到，而我卻想逃避？

如果走不出這個情緒漩渦，就會越陷越深，慢慢沉進流沙裡了，好像沒有任何人聽得到妳呼救。

有一段時間我變得暴躁易怒、焦慮不安，對任何事物都失去了興趣。在嬰兒夜夜啼哭不停，疲勞到了極點時，甚至腦海中曾幻想抱著女兒從高樓跳下去的畫面。我的情況算是輕度，因為我知道我不會這麼做，因為還有感覺到自己不太對勁，知道自己只是太累了。

但有些媽媽就真的做了傻事，甚至帶著孩子一起去尋短。大概是捨不得孩子一個人孤零零的在這世界上，認為除了媽媽之外，很難再找到別的人對他照顧周全。當然很殘忍，當然是錯誤的行為，但這樣的悲劇仍然時有耳聞。

其實做了媽媽就是不停的在內疚。各種因素無法餵母奶感到內疚。職業媽媽沒辦法親自照顧孩子感到內疚。忍不住對孩子吼叫之後感到內疚。

孩子不小心摔下床時感到內疚。孩子狂哭時找不出原因感到內疚。孩子感冒生病時感到內疚。

女兒一歲多時，我跟幾個媽媽朋友一起拋夫棄子去泰國玩。在夜市看到一個和女兒差不多月分的小女孩，綁著沖天炮，搖搖擺擺笑嘻嘻地朝我走來，瞬間覺得心糾結在一起。

做了媽媽就再也瀟灑不起來了，行為上可以，內心再也放不下了。所以只好認命，然後盡量調適自己，不要想做個滿分媽媽。偶爾請人看一下孩子，喘口氣。沒力氣煮就吃外食吧，家裡亂一點也沒有關係。從忙碌中找到片刻放空的時間，讓妳一點一點恢復力氣，繼續面對日復一日的育兒生活。

當孩子每一次對妳微笑，就像是哈利波特裡面的「疾疾，護法現身」。那道強大而溫暖的光芒，足以驅散一切黑暗陰影。把那畫面存在妳心裡吧！反覆溫習，以度過每一個痛苦想逃的時刻。當妳發現，妳已經可以安然地面對孩子的哭鬧，妳已經可以獨自背著孩子出門逛逛，妳已經能夠親口說出：對啊我之前好憂鬱！那就表示妳已經走過最難熬的日子了。

也許當媽媽，是為了學習生命中，有比自己更重要的事情。是為了明白真有不求回報的愛。是為了不再逃避，勇敢面對。是為了徹頭徹尾的把自己改造成一個更好的人，一個更善良，更體貼，更有憐憫心的人。因為懂得，所以慈悲。如果你身邊有人做了媽媽，請你對她少一點要求，多一點關懷，多一點體諒，多一點點包容。

因為她看似堅強的微笑下，可能藏著一顆瀕臨破碎的心。
因為你的一點善意，也許就能把她從情緒泥沼中拉出來。
因為你也有媽媽。

希望這世界上，再也不要有因為產後憂鬱症，失去媽媽的孩子。我在此衷心祈禱。

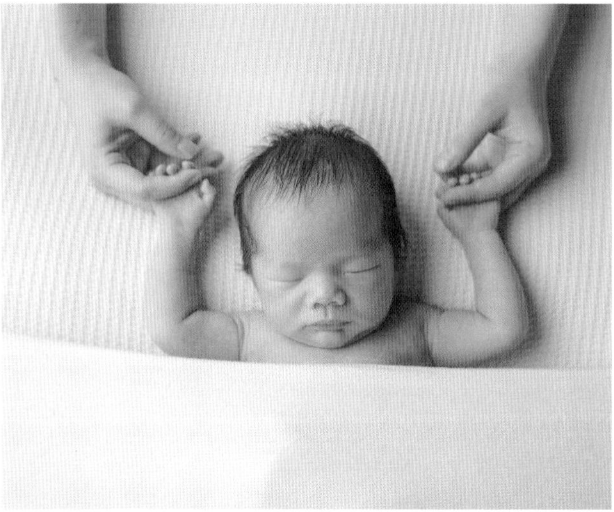

02／變形記

當媽後一直在想，是不是我太自私。

我總是想念我自己，那個四肢纖細、腹部平坦，乳房形狀還很美麗的我。那個踩著高跟鞋，咬牙拚命努力工作，想在職場闖出一番成就的我。那個週末夜晚和朋友約在小酒館，酒酣耳熱，豪爽大笑的我。

我總是想念我們。那兩個天真傻氣，曾相信愛情可以解決所有困境的

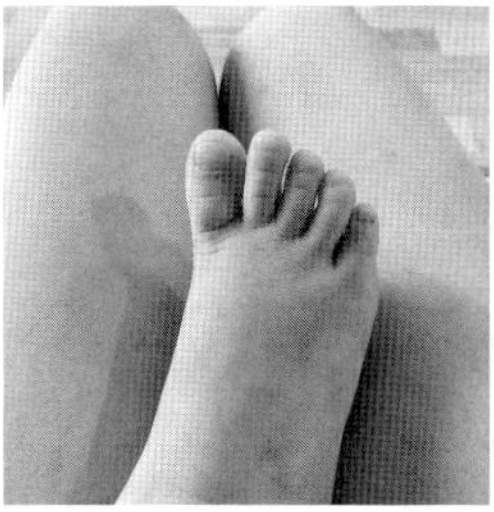

我們。婚姻走到生了孩子，愛情好像就到盡頭，剩下忙碌平淡，不斷重複的瑣瑣碎碎。

總是在張羅吃的、用的，尿布怎麼又沒了？奶粉喝完了，衛生紙和米也要補了，錢怎麼又花完了？你問這話是什麼意思？是嫌我亂花嗎！總為了什麼事情不愉快，也許是男人不耐煩，也許是我太疲倦，對話變得機械又冷淡。

男人、孩子先睡了，半夜做完事打開房門，輕手輕腳把床中央，睡成大字型的孩子搬到嬰兒床上。黑暗中摸索著男人，想像從前牽他的手入睡。熟睡的他不耐煩地咕噥著嫌熱，更往另一邊捲去。這就是當初的燦爛愛情嗎？這就是愛情注定的結局嗎？

兩個人從不能分離，變得習慣保持距離？我們就是為了這個，拚命咬緊牙關握緊手，走到這一步嗎？雖然覺得鑽牛角尖的自己很愚蠢，仍然輕聲擤著鼻子，男人沒醒，倒是孩子醒了大哭起來，只能嘆口氣，當媽連多愁善感的權利都沒有啊。

好久沒好好照鏡子了啊，鏡子裡的這個女人，是誰？髮圈都被孩子玩不見了，頭髮用橡皮筋隨便扎起來，臉頰凹了，臉頰肉有點垂，懷孕長的班沒消褪。最讓我驚訝的是眼神，我的眼神怎麼這麼熟悉？柔和慈祥又疲倦，就像是我媽媽，看著我的眼神。

原來媽媽不是一出生就是媽媽的啊，恍然大悟，原來，我變形了啊。

變得憔悴、變得狼狽，變得又膽小、又勇敢，變得又軟弱、又堅強。變得常常在哭，變得咧嘴大笑。為了孩子付出著，卻又懷疑自己能犧牲到什麼地步。為了家庭讓步著，卻又迫切渴望自由。總希望男人能再多做一點什麼，自己卻早就忘了多做一點什麼，繁瑣的生活中，兩人互相怨著，罵著，把愛情經營成最平淡世俗的模樣。

選擇生孩子，就是作繭自縛吧，就是把自己圈禁吧，就是把到目前為止的人生經歷，變得像上輩子的記憶。把一路上培養的各種經驗，歸零重整，像是恢復原廠設定的手機，重新啟動。

為了一個人變形到這種地步，原來不是愛情才有的情節。但還是值得的，這幸福還是值得的。

女兒睡覺時，抓著她小手小腳一遍遍輕輕吻著。看著她肉乎乎的小胖臉，她笑的時候，眼睛裡閃動的燦爛光芒，就像星星照在我身上，溫暖柔和，能驅散一切黑暗中的不安穩。

媽媽從此就像是下了錨的船，吃了秤砣鐵了的心，我不再是漂泊的浮萍，我成了港灣。謝謝妳，讓我變了形。

03／氣到笑

我女兒啊，該說是有點小聰明嗎？天生反骨、性格堅持，固執有主見，完全不服大人管教，還會挑語病、鑽漏洞、劍走偏鋒，挑戰父母極限。

女兒三歲時，跟著少爺出差，我一打一帶女兒去新加坡玩，臨行前不太放心，問女兒：「媽媽帶你出國玩，你會聽話嗎？」

她偏頭想了一下，誠懇的說：「我有時會聽，有時不會聽的喔！」

「呃，你不聽話媽媽會很辛苦耶。」我說。

「這樣啊，那我盡量配合妳多一點啦！」女兒爽朗的回答，我該說她很誠實嗎？

還有一次我在桌子上放了杯冰水，女兒那幾天有點咳嗽流鼻涕，我再三叮囑她：「那杯是馬麻的，妳不可以喝啊！冰水喝了會繼續咳嗽流鼻涕。」她牛脾氣發作執意要喝，被媽媽罵了幾句才奧嘟嘟的退下。

走進廚房開始煮飯，幾分鐘後女兒咚咚咚的跑進來，一臉挑釁：「媽媽，我喝了一口妳的冰水，我就喜歡。SO WHAT!」那時不足三歲的小矮人在跟我示威嗆聲啊！

又有一次把沐浴乳全倒在水裡玩，叫她去罰站，很愛面子的女兒先氣得崩潰大哭，看媽媽不理她也就收聲了，一分鐘後開始扭來扭去，抓旁邊玩具來玩。「妳給我站好，手貼著牆不可以動！」媽媽瞬間變成長坂坡張飛，斷嚇一聲。嚇一跳趕快把小手貼回牆上，眼睛骨碌碌看我。

「馬麻，罰站好了沒有？」

「還沒！要站五分鐘，手放好不可以動。」

「馬麻，五分鐘了沒有？」馬上又跟著問。

「還沒！手不可以動！」

女兒垂頭喪氣看著地板，不到一分鐘又抬頭快樂地說：「馬麻，那我動動腳腳可不可以？」小腳舉起來揮來揮去。

看到這麼可愛的畫面，媽媽板著臉趕快逃進房間咯咯笑，哎呀被處罰還會舉一反三找樂子，真是氣到笑。但另一方面又覺得這孩子怎麼這麼聰明啊不愧是我生的，媽媽好驕傲。

這就是昏庸媽媽的起點啊，我知道不可以慣壞她，但在還能接受的範圍內，孩子天真的任性，很療癒媽媽的心。

K-3

04／不需要教養專家，孩子需要的是他媽媽

沒生女兒前信誓旦旦，我一定要做個有原則的嚴格母親，我不會一哭就抱，我要讓孩子學會獨立和控制情緒，一歲前就要分房讓她自己睡。一歲後我要讓她自己學著吃，我不餵，我才不想慣壞孩子不動手。我一定不會犧牲我自己，對自己的需求需要不讓步不放棄，我會把自己排在第一位，先滿足自己才照顧孩子，這才是母親應該做給孩子看的典範。

女兒出生後特別難帶，和我想像中的嬰兒差別不只千里之遙，雖不能說是全盤棄守，但我的確發現當年的自己想得太過容易簡單了。她有「嬰兒屏息症」，一哭就忘記呼吸、全身發紫，完全無法放著哭。四個月大起，每晚固定一點起床哭到四點，手腳冰涼、滿頭大汗還吐奶。別說分床分房了，將近一年的夜晚都睡在媽媽胸口（她不要爸爸），被壓得四肢麻痺、腰痠背痛也忍耐下來，只求她能睡得安穩一點。

再說吃東西好了，剛出生就討厭親餵，沒經驗的媽媽只好改成瓶餵，每隔三小時擠一次奶，根本就是在擠奶、溫奶、餵奶、洗奶瓶的循環中鬼打牆。不到三個月就厭奶，一天喝不到兩百毫升，連著兩個月身高體重都沒有增長，媽媽擔心焦慮卻又無計可施，只能趁著她睡著時，能餵一點是一點。

輪到副食品，女兒一樣厭食到底，變換各種食物口味就是對吃沒興趣，只能拿著玩具雜物讓她抓著分心，能塞一口是一口。兩歲還不到九公斤，又瘦又小。什麼餓孩子啊、孩子餓了就會吃啊，當時這些勸告在媽媽心中都像是指責教訓，聽著特別刺心。她不肯吃，媽媽就愁雲慘霧。她那天多吃了幾口，媽媽高興得簡直想放鞭炮昭告天下，這情況一直延續到兩歲多突然胃口大開為止。

我這才知道，自己變成了以前眼中那些昏庸、無能，讓孩子牽著鼻子走的母親。我還是有原則，但做不到自己想像中的嚴格了。

有天少爺出差，帶女兒在外吃晚餐，點了一盤有五隻大蝦的義大利麵，毫不猶豫地分三隻給女兒。喜歡吃蝦的她，珍惜的一口口吃著，不小心沒叉穩，最後一隻掉在地上，嘴一扁就要哭出來。

我嘆口氣，把手中最後一隻蝦給她。「謝謝馬麻，我愛妳馬麻，這個給妳。」女兒咬了一半，用小手把半隻蝦塞進我嘴裡，我覺得自己非常幸福，那是全世界最美味的半隻蝦。

我是一個孩子喜歡什麼，就分出自己那份，平凡的什麼都願意給孩子的母親。我捨不得她哭泣，捨不得她傷心，在還不太過分範圍內，我會寵著她，希望她能一直過得滿足開心。

之前朋友告訴過我，孩子不需要教養專家，需要的是她的母親。被認真愛著，然後她也會學會愛。我想這是我這個庸俗的平凡母親，能教會她最重要的事情。

05／媽媽的內疚

作為媽媽和作為爸爸，心理狀態最大區別是什麼？我覺得是內疚感。

做了媽媽，幾乎永遠在內疚。沒餵母奶內疚，餵母奶孩子長不胖也內疚。煮飯孩子不吃內疚，讓孩子吃外食也內疚。沒陪孩子共讀內疚，給孩子看電視也內疚。上班不能陪孩子內疚，當家庭主婦，覺得自己沒給孩子一個好榜樣也內疚。教不好孩子內疚，對孩子大吼也內疚。自己和朋友去旅行，視訊時，看到孩子哭的一把鼻涕一把淚，也覺得內疚。甚至，連在孩子旁邊，滑手機滑太久都會內疚。

媽媽總覺得自己不足，總擔心自己做得不夠多，不是一個足夠好的媽媽，所以常煩躁不安，焦慮疲倦，對別人生氣，對自己生氣。而爸爸就很少會內疚，爸爸覺得自己做得很足夠。

我會泡奶，雖然每次都問老婆要泡多少，我仍然是一個好爸爸。我會幫孩子換尿布，雖然我不記得尿布放在哪，我仍然是一個好爸爸。我會幫孩子洗澡，雖然常洗到孩子耳朵進水大哭，我仍然是一個好爸爸。我會哄孩子睡，雖然總是我先睡著，我仍然是一個好爸爸。我有工作賺錢回家，回家還有幫忙做事。雖然是被老婆逼的，我仍然是一個好爸爸。我假日有陪孩子玩，一起滑手機也是玩，我仍然是一個好爸爸。

爸爸通常對自己表現很滿意，他們要求不高，所以過得輕鬆愜意。因此他們永遠不明白，為什麼老婆整天囉嗦、嘮叨臉臭臭，總歸類為：「我老婆荷爾蒙失調吧？她是不是月經又要來了？唉……我運氣真不好。」就像那英的歌詞裡所說的：「你永遠不懂我傷悲，像白天不懂夜的黑，像永恆燃燒的太陽，不懂那月亮盈缺。」該怎麼解決呢？我想，大多數媽媽太過焦慮，而爸爸太過放鬆。爸爸對自己要求的太少，而媽媽對自己要求的太多。如果能綜合一下多好？

媽媽，別再內疚了，妳已經很努力了，其實不用拿A，B就足夠了！爸爸，別只是做，把事情做好一點好嗎？一樣不用拿A，B就足夠了！下了班啊，腦袋別忘記帶回家好嗎（咬牙切齒）？本來想寫得很客觀，好像不知不覺又偏向媽媽這邊了，這也沒辦法，我是荷爾蒙失調的媽媽。妳覺得有嗎？還是寫的很實在？別再內疚了，我們一起立志，向B級媽媽邁進吧。

06／麻，我有十愛妳

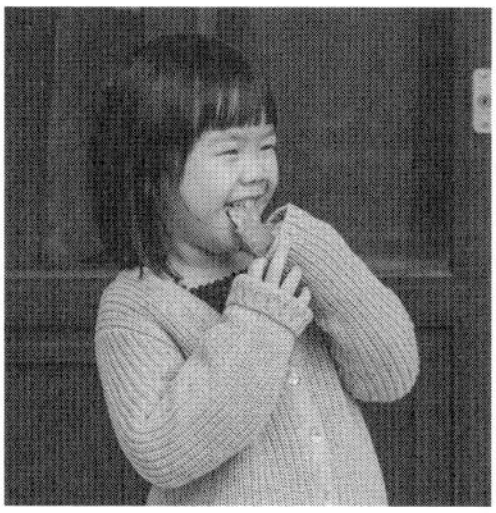

我是把愛掛在嘴邊，一天要講上一萬次的肉麻母親，沒想到戀愛沒讓我做紫薇，生了個孩子就變成爾康了。

「妳知道馬麻有多愛妳嗎？」好不容易把女兒哄睡了，我會痴痴的執著小胖手念著。「妳知道全世界我最愛誰嗎？」我會不厭其煩的問她，儘管她那時還只是個流口水不解人事、橫眉豎目瞪著我的嬰兒。

然後她會說話了，學會說的前幾個詞是「拔拔、馬麻、要、不要、愛」，然後慢慢變成，「愛你、我愛你、我最愛你、全世界我最愛你」。我的女兒，和我一樣變成了瓊瑤劇的主角，成天說著風花雪月的臺詞。

兩歲多時我問她：「你有多愛馬麻？」她想了一下，伸出兩隻小手掌「有十愛」。

「十愛啊？那我一百、一千愛你，我愛的比較多。」

「我十愛你，十愛最多了，最多最多了，我愛的比較多。」女兒固執地爭論，她還沒有一百、一千、一萬的概念，在她的小小世界裡，「十」是最大的數值了。

「我有十愛你。」這是我聽過最甜蜜的情話，心都融化了。但我也很清楚這場比賽的贏家永遠不會是妳。「馬麻愛你，Infinity。」

07／歲月神偷

總有一天，妳可以優雅地吃完一餐，從容地洗澡吹頭髮，坐在窗臺曬著午後陽光，安穩地剪指甲。總有一天，妳不用半夜起來拍哄，雙人床上不再歪歪扭扭地擠了三個，或四個，或五個人。

總有一天，家不再喧雜吵鬧、玩具滿地，安靜明亮的像是從前。時間是妳自己的，想做什麼想去哪裡，每分每秒都可以自己決定。

總有一天，生活會恢復妳想要的節奏，妳會得回一直渴望的自由。

但總有一天，妳會在某個空閒寂靜的下午，想起孩子爬在背上，緊抱著妳脖子不放時。妳們那燦爛的笑容，又黏膩、又快樂的那一刻。

總有一天，妳會在收拾房間時，從床底挖出孩子找不到，嚎啕大哭的那塊拼圖。拍掉灰塵放在掌心上，孩子知道了一定會很高興吧！而妳突然想起，那已經是好多年前的事情了啊。

總有一天，妳會打開儲物箱，拿出一件又一件，捨不得送人的柔軟半舊的嬰兒衣服。那些迷你的小帽子、小鞋子、小襪子，妳微笑地摩挲著。孩子曾經這麼小嗎？小到簡直難以置信。妳用鼻子嗅了嗅，似乎還聞得到baby的奶香味，眼淚不知道為什麼就掉了下來。

總有一天，妳會自由，而妳會發現唯有寂寞才自由。

歲月啊，就是小偷，偷走妳流下的苦澀淚水，綻放的甜蜜笑容。偷走每一次季節輪轉，春夏秋冬。妳跑著追著，懇求它還一些吧！它同情的看著妳，只把美好回憶放下。妳捧著如獲至寶，小心翼翼地帶回家收藏在心底。從此以後，思念如影隨形。

現在的妳，也許身心俱疲，也許很累、很狼狽，很想躲起來大喊大叫、痛哭一場。但總有一天，妳會懷念起，這折騰而磨難的日子裡，這瑣碎而實在的幸福。

寫給所有疲倦的我們，寫給所有哭著笑了的我們。所有苦痛都會過去，愛會留下來。愛讓我們難受軟弱，也會讓我們勇敢向前。

還有啊，總有一天，孩子可能會像妳現在一樣狼狽。那時妳就可以笑著，給他看這篇文章，來報仇。（結果都帶回來給老媽媽顧嗎？冤冤相報何時了我哭。）

第五部

我，與愛情、婚姻及家庭

01／婚後愛情求生筆記

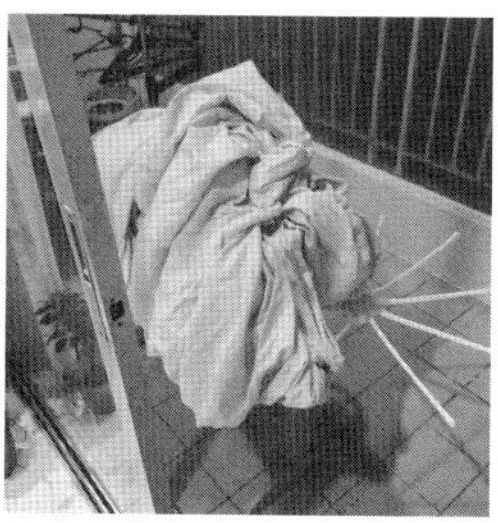

婚姻如果是愛情的墳墓，掘坑的多半是男人，入土的是女人。（老公們請先別喊太偏激，看到最後你會發現本文其實有男人福利。）如果快被活埋了該如何求生？在此分享一點個人心得。

從戀愛開始說起吧。還記得剛結束遠距離，朝朝暮暮住在一起時，那種令人難以置信的幸福感。半夜醒來看到旁邊男人熟睡側臉，傻盯了半晌再偷親一口。頭枕上他的肩膀，抱著他的手臂，聽著他規律的打呼聲（那時還不覺得刺耳。）安心的重新入眠。早上起床送男人上班，替他選襯衫，替他扣上扣子。依依不捨看著他的背影關上門，再打開多看一眼，再關上。快樂的打掃洗衣，快樂的煮飯。替他收拾亂丟的褲子，縫補衣服的小破洞。曾經這樣小鳥依人的溫柔小女人模樣，哪個男人會不喜歡？

但是，這些以愛為出發點的行為，為什麼後來感到負擔，反而消磨了愛情？我想是因為，一開始想要好好照顧對方，漸漸卻發現自己所有的付出被視為理所當然。也可以說，是一直以來的努力把男人寵壞了。

男人永遠看不見堆積如山的髒衣籃，衣服收下來放在沙發上，他走來往旁邊一撥，輕巧優雅的坐下滑手機。煮飯變成日常家務，不煮就是偷懶。男人也不再像一開始捧場，常皺著眉頭用筷子翻撿，還說出「妳要不要和我媽學一下煮飯？」這種太值得掐死的話。

大著肚子時還在撿滿地亂丟的衣服，那時已在心中埋下殺機。縫補時怒火中燒，到底為什麼每一件褲子都會破洞！上班練瑜伽嗎？！屁股長刺嗎？！生孩子後，女人生活發生巨大且全盤的改變，而男人卻還期待著，妳能像當初那樣無微不致的照料他。說實話，男人從頭到尾都沒有變，變的是女人。

女人的母性光輝轉移到孩子身上了，而對於原本全力照顧的這位長不大的彼得潘，耐心快速枯竭。曾經溫柔可愛的小女人，每天披頭散髮忙著做家事帶孩子，連牙都常常忘了刷。面對著眼前的一片混亂，和一副事不關己樣的男人，嗓門聲量不知不覺的越提越高。出門時男人一貫的瀟灑俐落，孑然一身走到門口穿鞋說：「我肚子餓了可以快點嗎？」

媽媽包沒拿車沒推，孩子的尿布衣服沒有換，他依舊活得像個單身漢。出門後發現忘了帶奶瓶，他說：「妳搞什麼老是忘東忘西？」孩子半夜尖叫，他說：「我就沒聽到啊！而且我不睡怎麼去上班？」週末到了他說：「我想和朋友去踢球，一個下午而已，妳平常還不是自己帶？我去放鬆一下為什麼不可以？」談起這個月家用緊繃，他說：「妳以為賺錢容易嗎？那妳去賺一點回來。」

這些日常生活中的行為話語像砂礫石塊，逐漸掩蓋住愛情。手不想牽了，睡覺懶得抱了。看著他時眼神不再閃亮，聽他呼吸都嫌煩。

婚姻如果真是愛情的墳墓，
掘坑的多半是男人，入土的是女人。
對不起我有成見，但成見往往也是事實積累而成。

愛情走到這一步，難道就無可挽回了嗎？有方法的，老公們，請側耳過來。暫時放下手機，站起來抱抱老婆，就算她罵你也要抱緊，如果正在吵架更要死抱不放（但請注意力道，你不是在打橄欖球）。等到她從破口大罵變成淚水直流，差不多氣就消了一大半。再親個兩下說好了別氣了我愛妳，得，天下太平。只要不是太嚴重的情況，這招十之八九都有效。

稍微做一點家事，一天多做一點就好。比如主動去洗碗洗奶瓶，主動去收衣服摺好，主動拿吸塵器吸一下地板。這些都是十五分鐘內可以完成，而且成效顯著的項目。記得重點是主動，到老婆開口時通常已經心懷不滿，此時做了也沒加分，太不划算！

最後回想一下當年追求老婆時做過的浪漫小事，選簡單的偶爾做一下。比如偶爾送一朵花，偶爾買點老婆喜歡吃的東西帶回家（記得不要自己狂吃光了）。偶爾訂好電影票，請長輩帶孩子一個晚上，二人好好去約個小會。持之以恆，三個月內你會看到黃臉婆變回小春嬌。

不是只叫老公做，老婆們也有事要做，只有一件事，很簡單。把孩子摺倒以後，請脫掉鬆垮贈品T恤，把塵封已久性感睡衣穿上，噴一點香水，燈光調暗。結束，一擊即潰，明天妳就會看到巨嬰變回男子漢。老公們歡呼吧！就說了本文其實是男人福利文。老婆們請注意安全，不然十個月後可能又多一個來刨土的。我試過嗎？目前還沒有。為什麼不試？因為，睡衣我穿不下了（掩面痛哭）。好了我說太多了，就寫到這裡，盼大家都能得到一點力量掙扎求生，奮力從墳墓中爬出來，做一對快樂的神仙眷侶。

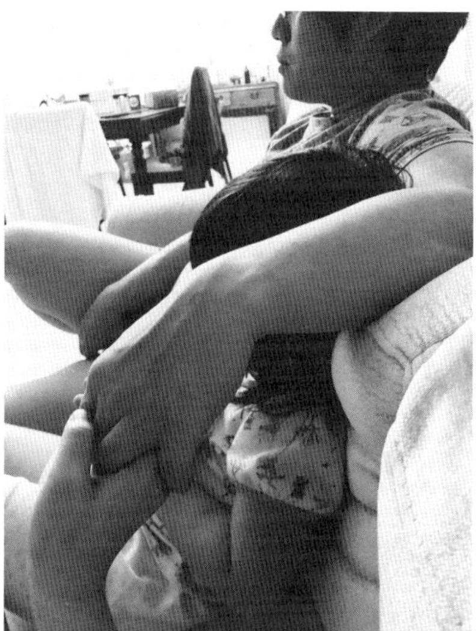

02／愛需要時間長回來

愛並不偉大，愛只是凡人情感裡，最接近偉大的那一部分。愛並不讓我們神聖，事實上愛很俗氣，一點也不夢幻，一點也不清高。愛包括了一切勉強自己不得不做的犧牲，不甘不願的退讓。

日常生活中不斷循環的瑣碎，趕快吃飯，好好坐著別玩食物，翻書輕一點，拼圖要有耐心，玩具玩完要收好，上廁所屁股要擦乾淨，手有沒有洗？怎麼又開電視，眼睛都要看壞了。趕快去洗澡，還不睡覺幾點了。一環扣著一環，一件事拖延全部行程跟著遲，孩子天真浪漫無憂無慮的玩耍，媽媽卻越來越焦慮，心理壓力越來越大。

孩子邊跑邊喝奶，果然打翻了，於是妳吼叫了，邊吼心裡邊後悔，但真忍不住。孩子剛吃飽就跳，果然吐在身上，於是妳抓著孩子去洗澡，動作比平常粗魯多了，妳知道自己不應該，但真控制不了。

於是懷疑自己，為什麼我耐心這麼差？為什麼我對孩子這麼兇？我是不是母愛不足？我是不是一個很差勁的媽媽？每個晚上看著孩子熟睡的小臉蛋，妳都心中懊悔，發誓明天絕對要做個講理的溫柔媽媽。但妳從來沒做到。

愛啊，從來就不是無窮無盡的供應，也從來不是無所不能的解答。愛不會解決身體的疲累，頂多是讓妳的承受度再強一些。愛不會讓妳對這一切辛苦甘之如飴，頂多是讓妳看著孩子的笑容時，多了一點勇氣。愛和所有情感一樣，會被現實磨難著，被折磨考驗著，一點一滴的耗竭。

妳看過童話故事裡的三頭巨龍嗎？被咬掉一個頭，還有兩個，被咬掉兩個頭，還有一個。只要還有一個頭，就能夠再長回來，但就要趕快逃跑，休生養息。愛就是三頭巨龍，強壯華麗，但並不所向披靡。愛需要時間和空間，讓被咬掉的那一個頭有機會再長回來。

當妳覺得自己只剩下一個頭了，請深呼吸一口氣，放過自己，暫時擺爛吧。把孩子交給能信任的人（希望就是孩子爸爸），把家事工作放下。喝杯咖啡喝杯茶，放空半小時也好。等三個頭長回來了，再回去和妳家小龍繼續糾纏。

妳不可能每分美妙都法喜充滿、母愛飽滿，放過自己吧！

放過自己，讓愛有時間再長回來吧！

03／後來我才知道，愛沒那麼偉大

結婚很簡單，只需要相愛的兩個傻瓜，牽著手簽字，相信從此一輩子不分離。難的，是婚姻。

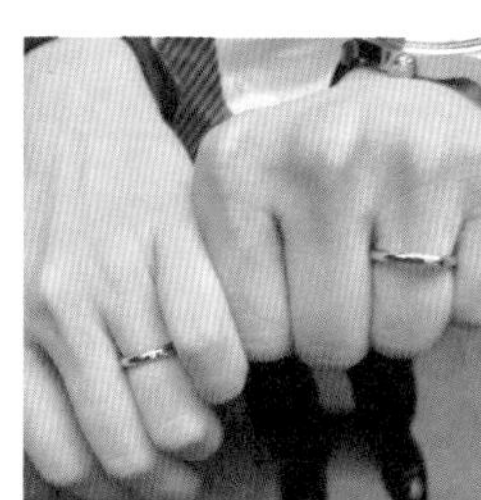

婚姻不是童話故事裡的快樂結尾，婚姻是一切瑣碎庸俗平凡組成的日常歲月，婚姻能把閃亮亮的金童玉女，變成灰撲撲的憤男怨女。

別幻想愛能支撐婚姻，說真的，愛能支撐住的，是經濟狀況良好，有後援幫手，夫妻都不過度勞累，本質就很牢固的婚姻。如果為了五斗米折腰而忙得焦頭爛額，孩子教養、生活習慣、家事分擔，日積月累的爭吵，無止盡的歧見，只說愛，什麼也解決不了。愛不能付帳單，愛不能煮飯洗衣，愛不能替孩子把屎把尿，愛不能供水發電。愛真的沒那麼偉大，無所不能。

坦白說，犧牲退讓到覺得忍無可忍的時候，我沒懷疑過他愛不愛我，但我懷疑過自己還愛不愛他。如果愛，為什麼任何一點小事都能讓我爆炸？為什麼我這麼疲憊、這麼憤怒，這麼不甘願？幾年後才慢慢明白，愛和婚姻完全是二回事，應該努力經營的，先是婚姻，才是愛。

戀愛時會美化對方的一切優點，結婚則會看透自己和對方，從小到大培養的壞習慣，從未改變過的劣根性。愛情需要的是甜蜜，是熱情，婚姻需要的是忍讓，是耐心，是讓步，是無止盡的溝通和協調。不只牽著手，腳也要穩穩定定的邁向同一個方向。

就像法律永遠要走在道德前面，婚姻也永遠要走在愛情的前面。婚姻狀態穩定，才有愛情延續的可能性。婚姻中的愛包含著巨大責任，重要的是互相關懷、互相支持、互相理解、互相包容。重要的是「如何讓我們的生活多一點美好」，不是「如何讓你開心」，是「如何讓我們都開心」。戀愛時，愛說上一萬次也不膩，那麼婚後，說上一萬次「廁所衛生紙用完請補上」，也要盡量忍著氣。

說給我自己，也說給你們聽。

04／婚姻橫切面

最好的婚姻狀況是兩邊都滿意，不好的婚姻狀況是兩邊都不滿意。最棘手的婚姻狀況，是一邊不滿意，另一邊卻覺得幹嘛？不是過得好好的？你無理取鬧什麼？

說白了，現代婚姻中男人常過得很舒爽，女人卻很不滿。那麼是現代女人難搞嗎？也許吧，因為我們不再是大門不出，二門不邁的溫良恭儉讓

女子。「嫁」這個字，就是女人有了家。「娶」這個字，就是取得一個女人。透過婚姻，女人得到的是可以讓她溫飽的家庭，男生得到的是會照料家庭的女人，古代是這樣沒錯。

但現代女人受過高等教育，同樣有工作能力，再也不需仰仗男人過活。男人呢？卻多數還有一樣的想法，媽媽就是要照顧這個家照顧孩子，那是女人的天職！所以說到底，在現代社會結婚，女人能得到什麼呢？自己能過得好好的，為什麼還踏入婚姻？因為真的愛那個男人，因為男人真的對她很好很體貼。因為她相信婚姻能讓她幸福。

於是我們嫁給了愛情，可是當愛情在日常瑣碎爭吵中磨損黯淡，我們又嫁給了什麼？現代婚姻不再是嫁娶了，是我們結婚之後，共同經營一個家。本質是合作，沒有誰的付出是理所當然。賺錢養家不只是男人的責任，女人也有能力一起承受。同樣，家事和孩子也不只是女人的責任，男人也應該共同分擔。不論是金錢、家事、育兒，壓力長期失衡，一個永遠在忍讓，一個永遠毫無忌憚地做自己。

「我本來就是這樣，你應該理解我。」

「你跟我結婚時就應該知道我是這樣，現在又有什麼好抱怨？」

等一下再做會怎樣？你做一下會怎樣？孩子就是要找你我有什麼辦法？你剪頭髮我沒發現又怎麼了？假日為什麼一定要帶孩子出門我想休息不行嗎？你也太會無理取鬧了吧！我工作很壓力了你不要煩我可以嗎？

瑣瑣碎碎爭吵的全部都是小事，但小事日積月累，不滿情緒越漲越高。忍一天、忍一個月、忍一年，日久天長沒有終點，總有一天忍不下去，婚姻走到盡頭。這種情況下，往往一邊提出離婚另外一邊還愕然。

「幹嘛？我們不是過得好好的？」

「你到底有什麼不滿？」

崩毀的其實不是愛情，是難以忍受的現實啊，走到這一步真的很悲傷。經營婚姻是很刻意的，美滿婚姻不可能隨隨便便水到渠成。兩人三腳，拉著對方手一起走，你累了我多出點力，我乏了你多用點心，唯有如此才能長長遠遠的走下去。

05／愛情最大的考驗

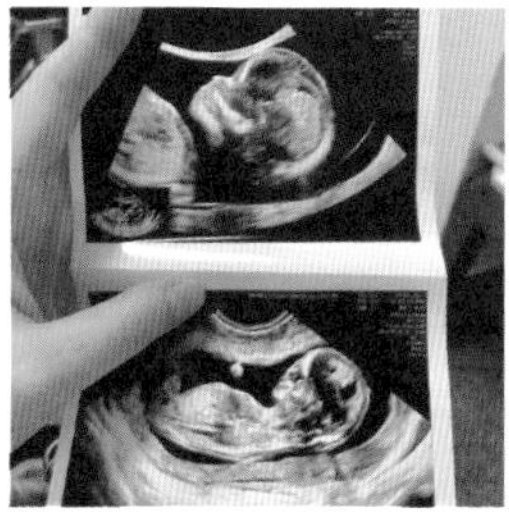

後來我才知道，生孩子就像是同甘過後要共苦了。共歡樂後要共患難了。

開頭總是美好的，註冊登記完，相視而笑，覺得有了能牽手一輩子的人。一起努力東省西湊，好不容易買下小小的家。搬家那晚，累壞了的兩人像兩條魚干躺在新床墊上。冷氣沒裝，未拆封的紙箱一個個疊在地上。

轉頭看看男人，孩子似的睡顏，再看看還很簡陋又空蕩蕩的家，心裡滿滿的踏實。從此，現世安穩了。

再後來，看到兩條線了。先是驚嚇，接著當然還是歡喜了。躺在婦產科床上忐忑不安照超音波，聽到「波波波波——」的心跳，兩個傻瓜嚇一大跳，這才知道胎兒心跳速度是大人的兩倍。

開始孕吐了，早晨抱著馬桶乾嘔到全身發抖，半夜胃食道逆流，捧著肚子在房間不停走動。難受得無以復加，轉頭看見男人睡得香甜，妳第一次閃過那種，憑什麼只有我一個人受這種苦的不平衡念頭。明知生氣對胎兒不好，怒火卻一觸即發。

「懷孕就是女人的天職啊！大家還不是這樣撐過來的。妳身體真的很不好耶，看別人懷孕都不會這樣。半夜不睡覺走來走去幹嘛？不舒服睡一覺就好了啦。月子中心？好貴喔，有必要嗎？」接踵而來的現實考驗，男人不夠體貼，說的每句話都刺心。妳第一次感覺到那種，你沒和我站在一起的悲傷。

生產那天來了，一陣陣劇痛把妳在巨浪中甩來甩去，意識都模糊了。緊緊拽著男人的手，他滿手冷汗，看著他表情緊張扭曲，反而有點想笑了。使盡全身力氣，終於聽到孩子「哇」的一聲哭出來了。眼睛緊緊盯著那個小肉球，又快樂又恍惚。清理乾淨的孩子放在身上，一隻隻數著小手指和小腳趾，看著那皺巴巴的小臉蛋，在眉眼嘴角試圖找尋自己和男人的模樣。原來你就是我們的孩子啊，你好啊。

回到家，毫無經驗的倆人手忙腳亂，生活步調不再協調。沒日沒夜的照顧孩子，讓妳疲倦、讓妳暴躁、讓妳憔悴。沒訓練期就得上工的新手媽媽神經兮兮的，不敢有一絲怠慢鬆懈，而新手爸爸好像仍在狀況外。衣服穿反，尿布包不好。永遠不記得幾點要餵奶，奶不是太濃就是太淡，洗澡水不是太燙就是太涼。半夜起來擠奶，孩子哭了他仍在打呼，彷彿活在另一個時空。

於是妳變成一頭焦躁的母獸，常為了孩子暴怒咆嘯，從不知道自己會這麼凶惡，也從不知道，這些瑣事會這麼讓妳無法忍受。也曾對吼過一些難聽傷人的話，也曾抱著膝蓋哭泣，覺得再也沒有力氣走下去了。孩子啊，撕掉我們最後一層偽裝，赤裸裸呈現出最軟弱、怯懦、自私的模樣。那個深愛過的人變得陌生，變得冷淡，變得，好像離妳很遙遠，好像再也不和妳看著同一個方向。於是有時覺得好像不認識對方，有時覺得好像，和一個完全不了解，想錯了的人結了婚。

是孩子造成了這一切，

但也是孩子，讓我們度過了這一切。

孩子讓我們明白，真實婚姻不只有甜蜜，婚姻充滿了責任、束縛、犧牲和妥協。孩子讓我們痛苦，卻也讓我們感受到前所未有的、踏實的幸福。生了孩子，愛情還重要嗎？我覺得，愛情從沒如此重要過，只是和我們想像中的樣子不同。

愛情是吵了架之後，睡覺時碰在一起的手；是大哭過後，仍然願意擁抱的溫柔；是明明想逃走，卻還是選擇忍受的理由。也是牽著孩子一起走時，看見彼此臉上，又疲倦，又快樂的笑容。孩子對愛情造成了傷害，但也讓我們看見折磨考驗，共患難過後，愛情真實的輪廓。

別怕，一切都會走過。

只要記得，笑著時候牽的手，哭的時候也別放手。

06／生孩子後的情書

柴米油鹽醬醋茶，尿布奶瓶溼紙巾。起床忘了說早安，半夜慌張找奶嘴。這種兵荒馬亂，雞飛狗跳的日子過久了，對於那個妳愛的男人，只剩下各種看不順眼。

他走路腳步聲太重，坐著是顆沙發馬鈴薯。髒衣服亂丟，吃相太粗魯。笑點很愚蠢，打呼聲像豬。他在家裡嫌他煩，去上班又恨他不早點回家幫妳。假日到了，他臨時說要出門走走，妳氣他不會算好嬰兒的行程表。他說那我們今天在家休息吧，妳憤怒的說：「到底要把老娘跟嬰兒關多久！」

嬰兒終於睡著了，他如果膽敢打個噴嚏、咳嗽一聲，妳恨不得從眼中射出小李飛刀把他零碎割了。可憐的男人在家裡地位低落，動輒得咎，不動挨揍。連躲廁所也要被瘋狂敲門，河東獅吼。

難得夜深人靜的時候，看著他睡著側臉，安穩平靜的像個孩子。想起以前那些，相愛時美好的兩人時光，也會心生懊悔，為什麼老是對他這麼凶惡蠻橫！正當柔情似水誠心悔悟，男人翻過身去，放了個驚天動地的臭屁，接著嬰兒被薰醒了哭起來，滿腔的歉意瞬間化為怒火攻心。（話說為什麼交往的時候沒感覺到他放屁那麼臭呢？是憋得牢？還是人在那時候不但眼睛瞎了，連嗅覺也失靈？）

愛情在婚姻裡消失了嗎？

其實沒有，只是被層層的忙碌壓力和生活瑣事覆蓋住了。只是兩人都太忙太煩了，累得沒有辦法控制自己的音量和脾氣。累得常常忘記去做那些，能讓對方快樂的小事。

人說愛情久了一定會變成親情，我不喜歡這樣的說法。當然不可能永遠心臟碰碰跳小鹿亂撞（鹿也會老啊），但希望愛情不要變質，能慢慢地從激盪沉澱下來，添上一些安穩和扶持，能從熱戀變成了互相依戀。

看過部電影，提到人為什麼要結婚呢？是因為眼前這個人發誓會陪妳一起到老，因為到了雞皮鶴髮的時候，還有一個人能在妳臉上看到妳年輕的模樣。我覺得這個說法非常實際、非常美。對我來說，只要看著對方，（偶爾）還覺得對方很可愛，這樣就夠了。

我算不得什麼賢妻，少爺也稱不上什麼良夫。我們都不完美，都有很多缺陷。我們只是一直努力適應對方的缺限，我們只是一直努力，牽著手一起走下去。

執子之手，與子偕老。
平淡而幸福，其實很好。
盼我們就這樣又吵又鬧，
又哭又笑的繼續過下半輩子。

07／我們明明就可以不這麼過

生孩子後，總有一些難熬時刻，我會想著，我明明就可以不這麼過。

比如覺得對方完全不理解，也不想理解自己的時刻。比如沮喪低落剛開口說幾句，男人卻呼呼睡著的時刻。比如存了一年錢想著買個新包包，男人卻突然說這個月有額外支出，需要補貼的時刻。

比如買完菜大包小包，推著哭鬧孩子在盛夏冒著熱氣柏油路上走，迎面碰到穿著合身上班套裝，腳踩高跟鞋的前公司後輩。她業務地笑著，眼神憐憫的說：「哇！姐好久不見，妳看起來不錯啊！孩子真可愛。」這麼和妳寒暄的時刻。

比如男人加班的假日，一次次推掉單身朋友的下午茶邀約，帶著孩子去動物園、公園、遊樂場，去一切炎熱酷寒的戶外、野外，吵雜紛鬧到耳朵發疼的親子場所的時刻。比如過年機票太貴、假期不夠、男人沒空，各種理由沒回娘家，在熱鬧歡樂的公婆家，偷偷想著娘家親人的時刻。

疲倦厭煩卻無法逃離，想掉淚卻要微笑的這些時刻，我會心有不甘，滿腔愁苦的憤世忌俗。

我明明可以更自由，我明明可以過更好的生活，

我明明值得更好的人。我明明就可以不這麼過。

我聽到自己一遍一遍這麼對自己說著。

生孩子後的婚姻，一下冒出太多難題，產後憂鬱、餵奶困難、婆媳關係、教養分歧、經濟負擔、事業受限，就像一道一道要全力跨越的障礙跨欄，一條一條要奮力縱身跳過的深坎。如果一次只面對其中一項倒也不難，難的是全部一起來，而且首當其衝的是母親。

媽媽急急忙忙跳得太快，爸爸還在原地熱身徘徊，不能配合的隊友互相責怪著對方，相愛的兩人分隔越來越遠，越來越看不清楚對方的表情，理解對方的心意。我們連檢討和好都沒時間，大部分的時候吵完都算了，也只能算了。

有時照著鏡子忍不住難過，那個臉頰膨潤，眼神光亮的女孩，怎麼這麼憔悴了？什麼時候嘴角不再上揚，習慣性的向下撇了？結了婚，我真的快樂嗎？

有時看著男人也會吃驚，那個意氣風發、自信陽光、一臉燦笑的大男孩，怎麼這麼疲倦了？什麼時候眼角出現深深的皺褶了？和我結婚，你真的快樂嗎？

其實你值得更好的，值得更溫柔賢淑的女人，其實我也值得更好的，值得更成熟體貼的男人。我們都值得更好的人，就像是當年還沒生孩子前，還沒被現實考驗、被煩惱折騰，青春好看、傻裡傻氣，看著對方眼中滿是愛意的我們。

我們明明就可以不這麼過，但我們偏偏這麼過了，就在那年、那月、那一天，我們偏偏天真傻氣的拉著手，說我們要永遠在一起，只有死亡能將我們分離。那時踏實安穩的幸福感覺，你還記得嗎，還能記得嗎？我們明明就可以不這麼過，真的，但我們偏偏這麼過了。

但幸好，幸好我選了你一起過。

08／原來你什麼都不知道

「你知道我討厭髒亂，你知道我有潔癖，你也知道我很累很煩，那為什麼你還是讓家裡亂七八糟什麼都不做呢？你根本就不在乎我！」

少爺和我完全相反，是個生活態度隨便又亂七八糟的人，以前會越想越生氣，這兩年慢慢發現是我想太深了，男人淺得很，他們什麼都不知道，連老婆生氣都不一定感覺的到。

要說結婚多年我最大體悟是什麼？就是千萬別相信男人會認真觀察思考老婆的需求，別妄想他們會像交往時玲瓏剔透、體貼入微。大部分男人婚後會從全自動變成半自動，再變成故障待修。退化原因，也許正因為他處在很安心的環境，於是喪失機靈警覺和一切求生本能，化成沙發上的一坨爛泥。如果妳還是期待對方能猜中妳的心，那可能會陷入爭吵輪迴。

「你為什麼不懂？」

「那妳為什麼不說？」

「什麼都要說一百次，自己不會做嗎？」

「說一下會怎樣，說了我就會做啊！」

「你以前才不是這樣，你以前多主動！」

「妳以前也才不是這樣咧，妳以前多溫柔啊！」

差不多是這樣。婚姻就是在日常瑣事中，不斷循環的鬼打牆。女人是懷怨的惡鬼，捶打著男人這堵朽木搭起的破牆。破牆能不能修復呢？其實可以，不過修了三片掉兩片，大概是一年百分之一的工程進度。有什麼要他做妳就直接說，說了對方不做，可以軟硬兼施逼迫他就範，再不成妳就放棄吧，自己做了算了。

改變不了別人，也只能改變妳自己啊。

婚姻會讓每個女人都修禪悟道，變成哲學家。

09／幸福的吉光片羽

幸福感，不一定是什麼人生階段大事里程碑，通常來自一些細微瑣事，平凡日常中浮光掠影的片段。至今的人生，曾經有兩個時刻覺得非常幸福，非常感謝媽媽把我生下來。

第一次，是剛結束遠距離戀愛來到大馬，和少爺住在小公寓。某天傍晚晒完衣服站在陽臺發呆，東南亞特有的午後雷雨剛過，空氣沉鬱而帶著溼潤的泥土氣息。少爺下班回家，從下層走廊走來，抬頭看見我，頓時眼睛彎彎地，很開心的笑了。那麼爽朗燦爛的笑容，就像第一次把棉花糖拿在手上的小男孩。他是真的很愛我，我對自己說。我怎麼能這麼幸運？突然發現，找到一個人愛，而他也愛妳，真能這麼踏實，這麼快樂。

另一次，是生下女兒第二天早晨，把小妞從月子中心嬰兒室抱回來。女兒其貌不揚，橫眉細目、鼻孔怒放噴張，臉紅通通還皺巴巴的。說實話，長得還真不好看，不是那種讓人立即心生憐愛的嬰兒。小心翼翼地從護士手中接過來，把女兒抱在懷裡，摸摸她稀疏的淡咖啡色頭髮，捏捏她柔軟迷你的小手小腳，感謝天，她很健康！

電腦正好播放著〈How Long Will I Love You〉。我抱著女兒，一遍遍輕輕哼著，心中喜悅感動，滿腔母愛溫暖發燙著，和眼淚一起流淌下來。自己也不知道為什麼，就從這時起，變成了一個痴心母親。

這一刻，抱著女兒感受到媽媽的愛，
我知道，她會比誰都為我快樂。

這美好瞬間一閃而逝，接下來的生活坑坑巴巴、瑣瑣碎碎，每天好像翻日曆般一頁頁很快過去了，也好像時時刻刻陷在泥沼裡停滯不前。就像是張愛玲說的，生命是一襲華美的袍，上面爬滿了跳蚤。生活中總有些跳來跳去的煩惱焦躁、非常擾人。

比如下班回家的少爺一副被蒸熟的表情，懶洋洋眼神空洞地躺在沙發上滑手機，請他洗碗，等一下。請他收衣服，等一下。請他帶女兒去洗澡，等一下，我要上廁所。怎麼敲門也不出來，一下半小時過去，氣不過自己稀里嘩啦全做了。覺得委屈，卻又覺得自己為了這點小事委屈，像是個只會情緒勒索，總是強調自己犧牲的蠢女人。

但在疲憊想逃，有時還會偷偷哭泣的日常夾縫裡，我常想起那個眼睛彎彎，很開心笑著的男孩，和那個，臉紅通通還皺巴巴的醜醜嬰兒，被媽媽抱在懷裡，安穩的睡著。然後我就會想起，其實我有多麼幸福，是會嘆口氣的，辛苦磨難的，幸福。

10／為人父母

是女兒告訴我，為人父母是怎麼一回事。我啊，以前覺得那種為了子女付出一切的父母很傻。包含我爸爸，我也覺得他很傻。

爸爸從前在銀行上班，每天穿著熨燙齊整的訂製三件式西裝，是個很體面的爸爸。但他退休後省吃儉用，不肯多花一毛錢，身上一年到頭總是那幾件穿不完的舊衣服。我嫌他太邋遢，幫他買衣服還要挨罵。爸爸總是

說：「幾十件西裝褲，你哥不要的舊皮帶，還有妳媽以前買的舊衣服，我穿都穿不完了何必買？」

他對自己很節省，可是從小到大，不管我和哥哥要補習、要買書、要治裝，和朋友去旅行，他從沒對說過一個「不」字。他給我和哥哥的零用錢、生活費，永遠比同年齡孩子多。說他有點溺愛，也對吧。到我結婚生子的現在，他每次打電話來都還是會問我：「妳們錢夠不夠用？真的不夠跟我說，我多少可以幫補一點。帶孩子還要做家事，工作不要接太多了，每天熬夜身體都要壞了！」

女兒兩歲時。有一次我提到考慮生二寶，他大發雷霆。「還想生什麼？妳有病啊？妳看看妳都老成什麼樣了，一個就夠累人了，妳想累死自己嗎！」他就是一個嘴巴很硬，心腸很軟，外表冷淡，但內心恨不得把自己賣了來給子女好處的老爸爸。

我一直覺得他很傻，但最近發現自己也是這樣。我很喜歡打扮，以前還在上班時，薪水最少三分之一都拿去弄頭髮買新衣服買化妝品了。我吃東西有些特別喜好，比如牛排吧，邊緣油脂豐富那塊我最喜歡，都會留到最後才吃。但生了女兒，很多事都不一樣了。

我還是很喜歡打扮，但往往在購物車加了一大排洋裝、鞋子、化妝品，看到都缺貨了還是沒捨得結帳。我還為了便宜方便省時間，剪過百元快剪。（不過就那一次，因為他把我瀏海剪禿了一角）女兒的呢？看到漂亮質料好的小洋裝、小鞋子，一特價就失心瘋的買，還催眠自己：「我買大尺寸沒問題，反正孩子長得快。」

我吃牛排時，女兒也吃，她也特別喜歡吃邊緣油脂豐富那塊，她眼巴巴看著，我就會切給她，她就會心滿意足地，留著最後品嘗。

我也不知道為什麼會這樣，可我就是不知不覺把女兒放在我前面，不知不覺的，我就變成一個沒用的，什麼好東西都想留給孩子的傻媽媽了。

女兒快三歲要上學時，幫她四處看了十幾間學校，有的設備太破舊，有的老師看來不太專業，最後選了現在讀的這間，環境師資都不錯，就是學費偏高，超過預算。當晚回家跟少爺商量，靠他一份薪水，要負擔房貸保險水電費和生活費，的確沒辦法再負擔這個中高價位的學校。

「就上便宜一點的吧？」少爺說。我低頭想了想，下定決心。

「那我來付吧。」於是從那之後什麼流行韓劇啊影集啊，我幾乎一部也沒看過，每晚熬夜工作，就為了每三個月一次繳付學費。

朋友勸過我：「小孩那麼小，上學也就是去玩而已，讓她唸便宜學校，妳把賺的錢收著自己存起來更好啊！」道理是這樣沒錯，但我

就是希望能在能力範圍內，給女兒比較好的學習環境。

女兒很喜歡上學，每天都開心去開心回來，只要聽到她眉飛色舞地跟我說。

「媽媽，今天teacher Serean說我跳舞很棒，給了我一張sticker，妳看！」

「媽媽，我今天學了一首新的歌，而且我會講英文和馬來文了喔！I can speak English，Apa khabar（你好）！」

只要看到她那麼燦爛的笑容，
那眼睛裡的閃亮光芒，
我就覺得一切辛苦是值得的。

我在想，我爸爸應該也是這樣吧，我想全天下的傻父母，應該都是這樣吧。倒不覺得自己犧牲了什麼，但我們就是自然而然彎下腰把孩子架在肩膀上，希望他能比我們看的更高更遠一點。我不求女兒有什麼錦繡前程，但希望有天她需要資源時我們能盡力協助，就像當初我的爸爸對我們一樣。

這就是父母，這就是天下傻瓜父母心。

最後再回到我爸爸，帶女兒回娘家，他每次都對孫女說：「妳要聽話，妳媽很忙，妳把媽媽累死了誰照顧妳？姥爺老了可沒辦法。」女婿打給他視訊時，他也說：「你老婆就是脾氣很壞兇得要命，可是她通常都是對的，你聽她就對了，什麼都對對對就對了，這不就不用吵架了嗎？」聽了好氣又好笑，這講的也太直接了修飾一下不可以嗎？

但我知道，爸爸是在幫我，就算我長大了他老了，在他心裡，我永遠都是必須照顧的女兒。

11／一起去散步

小時候媽媽身體弱，每天晚上吃完飯，爸爸就會強迫她去散步，哥哥留在家寫作業，還很依戀父母的我就跟著去。家旁有河堤，沿著走可以繞附近大學校園一圈，路程大概要一個半小時。我當時大概八九歲，總是一路不停說話，說學校發生了什麼，朋友的相處，未來的夢想，源遠流長喋喋不休。

「妳這麼喜歡說話，將來應該當律師或老師吧？」爸媽被連續轟炸不得安寧，常苦笑的說。

路燈下三個人影子拉得好長好長，我覺得和爸媽的距離好近好近，那是我很喜歡的一段時光。

後來媽媽過世了，下課就到安親班去待著，爸爸下班晚怕我們餓肚子，給了零用錢讓我和哥哥自己解決晚餐。再後來我進入叛逆青春期，滿腦子只想著往外跑，放學就和朋友去泡沫紅茶店撞球場，常鬼混到九點十點才回家。我再也沒有和爸爸去散步了。

直到結婚遠嫁大馬，每年固定回去兩次，不知道什麼時候開始，我又陪著爸爸散步。爸爸年紀大了，坐骨神經骨刺導致腳痛，走不遠，每走幾步就要停下來坐一會。一樣走一個半小時，比從前走的路程三分之一都不到。女兒出生後回臺灣，就祖孫三代一起走，有時碰到鄰居會閒聊幾句。

「對啊這是我女兒，她年紀不小了啦。只是長得小孩樣，這是我外孫女，他們住在馬來西亞，回來看看我。」

「沒啦沒有什麼孝順啦，女兒很不聽話啦。現在長大還好一點，然後這小鬼太皮了，在家跳來跳去帶出來走走。」爸爸講著，臉上表情有點微妙的驕傲。

明明很開心吧？口是心非嘛！我忍不住翻個白眼。二〇二〇年開始疫情嚴峻，不但一直沒辦法回臺灣，長期關在家，全家養得胖嘟嘟的，後來樓下社區花園開放了，吃完晚餐我們就帶著女兒下去散步。

女兒總是一路不停的說話，說老師教了什麼，朋友送了小禮物，真沒話講了就不停的唱歌跳著走。這話癆是遺傳自媽媽啊，我忍不住苦笑。「媽媽妳看我的影子，我好高好高喔！」女兒驚喜的說。

月光下三個人影子拉的好長好長，看著女兒小臉上的燦爛笑容，恍然間好像看到小時候的自己，也曾經這麼快樂的跟著父母散步。很平凡的瑣碎日常，但就是微微發亮的一小片記憶，坎進心裡溫暖實在。

我想女兒長大了也會記得，也許有一天，她也會帶著自己的孩子散步，她也會看著影子拉的好長好長，記起我們曾經說著笑著，走在月光下。

媽媽是最勇敢的膽小鬼

作　　者　溫太

執 行 長　陳君平
榮譽發行人　黃鎮隆
協　　理　洪琇菁
總 編 輯　周于殷
資深企劃編輯　劉倩茹
美術總監　沙雲佩
封面設計　陳又荻
公關宣傳　施語宸
國際版權　黃令歡、梁名儀

國家圖書館出版品預行編目（CIP）資料

媽媽是最勇敢的膽小鬼/溫太著. -- 1版. -- 臺北市：城邦文化事業股份有限公司尖端出版：英屬蓋曼群島商家庭傳媒股份有限公司城邦分公司尖端出版行銷業務部發行, 2023.04
面；　公分
ISBN 978-626-356-339-1(平裝)
1.CST: 母親　2.CST: 母職　3.CST: 通俗作品
544.141　　112000849

出　　版　城邦文化事業股份有限公司　尖端出版
臺北市民生東路二段141號10樓
電話：（02）2500-7600　傳真：（02）2500-1971
讀者服務信箱：spp_books@mail2.spp.com.tw

發　　行　英屬蓋曼群島商家庭傳媒股份有限公司
城邦分公司　尖端出版行銷業務部
臺北市民生東路二段141號10樓
電話：（02）2500-7600（代表號）　傳真：（02）2500-1979
劃撥專線：（03）312-4212
劃撥戶名：英屬蓋曼群島商家庭傳媒（股）公司城邦分公司
劃撥帳號：50003021
※劃撥金額未滿500元，請加付掛號郵資50元

法律顧問　王子文律師 元禾法律事務所 臺北市羅斯福路三段37號15樓

臺灣地區總經銷　中彰投以北（含宜花東）　楨彥有限公司
電話：（02）8919-3369　傳真：（02）8914-5524
地址：新北市新店區寶興路45巷6弄7號5樓
物流中心：新北市新店區寶興路45巷6弄12號1樓
雲嘉以南　威信圖書有限公司
（嘉義公司）電話：（05）233-3852　傳真：（05）233-3863
（高雄公司）電話：（07）373-0079　傳真：（07）373-0087

馬新地區經銷　城邦（馬新）出版集團　Cite（M）Sdn.Bhd.（458372U）
電話：（603）9057-8822　傳真：（603）9057-6622
E-mail：cite@cite.com.my

香港地區總經銷　城邦（香港）出版集團　Cite（H.K.）Publishing Group Limited
電話：2508-6231　傳真：2578-9337
E-mail：hkcite@biznetvigator.com

版　　次　2023年4月1版1刷
ＩＳＢＮ　978-626-356-339-1